# ÉCOLE NORMALE SPÉCIALE DE CLUNY.

# RÈGLEMENT

## DES TRAVAUX EXÉCUTÉS EN VERTU DE L'ADJUDICATION
## du 6 Juillet 1867.

## MÉMOIRE A CONSULTER

Présenté au CONSEIL DE PRÉFECTURE de Saône-et-Loire,

par les sieurs BRUNO et CRÉMIEUX.

Entrepreneurs de Travaux publics

### A MACON.

### CONTRE M. LE MINISTRE DE L'INSTRUCTION PUBLIQUE,

Représenté par

M. Ch. LAISNÉ, Architecte du Gouvernement

Chargé de la Direction et du Règlement

des dits travaux.

MACON,

TYPOGRAPHIE ROMAND FRÈRES, IMPRIMEURS DU DÉPARTEMENT.

**A Messieurs les Membres du Conseil de Préfecture**
**de Saône-et-Loire.**

Mâcon, 15 septembre 1869.

MESSIEURS,

Les soussignés, Entrepreneurs de Travaux publics à Mâcon, ont l'honneur de vous exposer les faits suivants:

Aux termes d'un procès-verbal d'adjudication, en date du 6 juillet 1867, les Soussignés furent chargés de l'exécution de différents travaux de Construction et d'appropriation à l'Ecole Normale spéciale de Cluny; ces travaux étaient évalués ensemble à 84,936 fr. 00, non compris les sommes à valoir pour imprévus et honoraires de l'Architecte.

Suivant l'affiche annonçant la mise en adjudication, l'estimation ci-dessus s'appliquait aux dépenses que devaient motiver la construction d'un bâtiment neuf au Sud de la cour du Jet d'eau et l'appropriation de diverses salles en dortoir.

Le dossier du Projet, communiqué au Public et déposé à cet effet dans les bureaux de l'Economat à Cluny, se composait simplement de pièces écrites, telles que: Cahier des Charges générales, Conditions particulières, Détail estimatif et Série des prix. Aucun plan n'accompagnait ce dossier. 1

Les soussignés, après examen des dites pièces écrites, estimant qu'il s'agissait de travaux neufs à exécuter dans les conditions ordinaires, offrirent un rabais de 8 0|0, ensuite duquel fut tranchée à leur profit l'adjudication des ouvrages précités.

L'ouverture des Chantiers eut lieu dès le 7 Juillet, c'est-à-dire le lendemain de l'Adjudication ; Monsieur l'architecte Laisné, chargé de la Direction des Travaux, se borna à donner verbalement aux Entrepreneurs quelques instructions sommaires pour commencer les démolitions en attendant la remise des plans et détails d'exécution nécessaires à l'édification des Constructions neuves.

Le dossier du projet fut communiqué aux Entrepreneurs pendant 48 heures seulement ; les pièces leur furent ensuite retirées par Monsieur l'Architecte Laisné, qui promit d'envoyer de Paris une expédition complète, préparée aux frais de l'Entreprise, ainsi qu'il est d'usage dans toutes les adjudications; cette promesse ne fut pas remplie, et c'est en vain que les soussignés ont réclamé à plusieurs reprises la copie ou la communication des pièces qui leur étaient nécessaires.

L'absence de Plans est constatée du reste par la correspondance échangée entre les Entrepreneurs et la Direction des Travaux ; il suffit, pour s'en convaincre, de jeter les yeux sur les lettres des Soussignés, en date des 13 et 25 Juillet 1867, ainsi que sur la réponse de Monsieur l'Architecte Laisné, en date du 27, même mois; copies de ces pièces sont annexées au présent, sous les Numéros 1, 3, 7.

Il résulte clairement des faits ci-dessus que l'absence de plans détaillés indiquant les dispositions adoptées pour la Construction du Bâtiment au Sud de la Cour du Jet d'eau et pour l'appropriation de diverses salles en dortoirs, n'a pas permis aux Soumissionnaires de se rendre compte, préalablement à l'adjudication, des difficultés de toute nature qui se sont présentées plus tard et lorsqu'il a fallu exécuter ces constructions et appropriations avec la sujétion de se raccorder aux parties existantes de l'édifice;

Que de plus, le laps de temps pendant lequel les pièces écrites du dossier leur ont été communiquées étant trop court pour qu'il leur fût possible d'en prendre copie, les dits Soumissionnaires ne pouvaient apprécier à l'avance les conditions auxquelles devaient s'effectuer les travaux prévus ou imprévus.

Par suite de nombreuses modifications et de l'extension du projet à d'autres parties de l'édifice, la masse des Travaux imprévus fut accrue considérablement ; un nouveau devis fut dressé par Monsieur l'Architecte Laisné, et soumis à l'approbation de M. le Ministre de l'Instruction publique.

Ce devis n'a *jamais* été porté à la connaissance des soussignés, et son existence ne leur fut révélée qu'indirectement par la correspondance de Monsieur l'Architecte (voir lettres du 27 Juillet et 4 Septembre 1867), Nos 7—19, et par les croquis et documents qu'ils durent fournir pour la préparation de ce devis, lesquels croquis et documents accompagnaient leur lettre du 16 Août 1867, No 15.

Les soussignés n'ont déposé aucune autre soumission que celle du 6 Juillet 1867, laquelle s'appliquait purement et simplement aux travaux compris dans le devis estimatif de 84936 f 00. Il est évident que cette soumission concernant des travaux et des prix dont les Entrepreneurs avaient pu prendre une connaissance plus ou moins approfondie, ne saurait constituer pour eux l'engagement d'exécuter aux mêmes conditions une quantité indéfinie de travaux de restauration dont la nécessité ne se révélait qu'au fur et à mesure de l'avancement des ouvrages.

Les Entrepreneurs, forcés de suspendre leurs travaux à l'emplacement du Bâtiment neuf projeté, par suite de la persistance des locataires Franchet et Descombes à occuper les immeubles dont la démolition était nécessaire, furent invités à profiter de cette suspension pour effectuer la démolition des maisons sur la rue du Marché, et c'est ainsi qu'ils commencèrent l'exécution des ouvrages imprévus concernant le bâtiment à l'Ouest de la Cour du jet d'eau ; ce fait est constaté par un ordre de service de Monsieur l'Inspecteur Benoist et dont copie existe sous le numéro 124 et à la date du 24 Juillet 1867.

Les plans concernant cette partie de l'édifice, à l'exception du mur de soutènement sur la rue du Marché, furent communiqués aux Entrepreneurs du 22 au 25 Août, et leur furent retirés, sous prétexte de modification, le 2 Septembre suivant ; puis, par sa lettre du 4 Septembre, Monsieur l'Architecte Laisné retirait brusquement aux soussignés l'exécution des ouvrages compris aux chapitres 5 et 6, *approuvés par décision ministérielle du 19 Août ;* comme il a été dit plus haut, le devis estimatif des Travaux en général n'étant pas connu des Entrepreneurs, ils ignoraient complètement à quelle sorte d'ouvrages s'appliquaient les articles précités. Quoi qu'il en soit, dès le 5 Septembre, une autre Entreprise fut installée dans cette partie de l'édifice, et la Direction des Travaux crut cependant devoir laisser à la charge des premiers Entrepreneurs la restauration de la charpente des combles, la transformation du grand escalier et celle des parties supérieures du Bâtiment, ouvrages dont l'exécution présentait des difficultés nombreuses et même des dangers sérieux sans aucune compensation.

Pour bien juger des faits qui ont accompagné l'incident relaté ci-dessus, il est nécessaire de revoir la lettre des soussignés en date du 5 Septembre, restée sans réponse de la part de l'Administration. (N° *20 de la Correspondance*).

Les travaux furent poursuivis et terminés le 12 Avril 1868, l'Administration en prit possession le même jour, en y installant les divers services de l'école.

La réception provisoire des travaux fut faite le 23 même mois, ainsi que le constate un procès-verbal dressé en double expédition, revêtu de la signature de l'Architecte Inspecteur et de celle des Entrepreneurs.

Les ouvrages complémentaires et les réparations mentionnés au dit procès-verbal de réception provisoire furent terminés courant 1868, à la *satisfaction entière de la Direction des Travaux* ; les lettres de M. l'inspecteur Benoist, en date des 4, 11, 18 Mai et 22 Octobre 1868, N°s 65, 70, 75, 107 de la Correspondance, ne laissent *aucun doute* à ce sujet.

S'il ne fut pas dressé de procès-verbal de réception définitive au 23 Avril 1869, l'Administration seule est responsable de cette négligence, attendu que les Entrepreneurs en ont fait la demande expresse par leur lettre du 11 Mars 1869, N° 123 ; le silence gardé en cette occasion par M. l'Architecte Laisné doit être considéré comme un aveu tacite que tous les ouvrages étaient en bon état d'entretien.

Les mémoires établissant le montant en demande des ouvrages effectués furent préparés par les entrepreneurs dès le mois de mai 1868, et par leurs lettres des 30 Juin, 6 et 13 Juillet, N°s 82, 84, 85, ils avertissaient M. l'Architecte Laisné de la préparation des dits mémoires, en le priant d'indiquer l'époque choisie pour leur vérification.

La réponse se fit attendre très-longtemps. Enfin, dans une lettre du 1er Août, N° 93, M. Laisné invite les entrepreneurs à lui faire tenir leurs mémoires à Paris, avant la vérification ; puis, par de nouvelles missives, des 7, 12 Septembre, N°s 100 et 102, M. *Charles Benoist*, Inspecteur des travaux annonçait son arrivée à Cluny et le commencement des vérifications pour le 15 du même mois.

Les opérations de vérification eurent lieu du *15 au 20 Septembre* ; elles furent effectuées par M. Ch. Benoist, Inspecteur des travaux de l'Ecole, assisté d'un vérificateur de Paris, délégué par M. Laisné, et en présence de M. Crémieux, l'un des Entrepreneurs.

Ces opérations ne soulevèrent aucun incident sérieux, sauf des erreurs de métrages insignifiantes et inévitables dans la rédaction de mémoires aussi importants que ceux dont il s'agissait.

Du reste, la vérification faite en Septembre 1868 ne pouvait s'appliquer qu'aux ouvrages constamment visibles, attendu que, *grâce aux soins de l'Entreprise*, il avait été dressé quotidiennement des *attachements écrits* de tous les ouvrages exécutés dont la vérification ultérieure eût été difficile.

Mais si les entrepreneurs ont montré beaucoup de soins pour la préparation des dits attachements, la Direction des travaux est loin de mériter les mêmes éloges, en ce qui touche leur vérification ; ce n'était qu'à force de sollicitations et d'invitations pressantes et réitérées, que l'on parvenait à obtenir de M. Ch. Benoist, Inspecteur, la révision et l'acceptation des dits attachements ; il suffit, pour reconnaître la vérité de cette assertion, de parcourir la correspondance annexée au présent et particulièrement les lettres en date des 27 Juillet, 6, 7, 21 Août, 10, 14 Octobre, 5 Novembre 1867, 10 Janvier, 22 Avril, 5, 22, 27 Mai, 13 et 30 Juin 1868, Nos 6, 9, 10, 16, 24, 25, 33, 45, 59, 66, 77, 79, 80, 81.

Si donc la vérification de nombreux ouvrages de restauration a pu s'effectuer *rapidement et sérieusement*, les soussignés peuvent affirmer, sans crainte d'être démentis, qu'ils en ont fourni *seuls tous les moyens*; ils soumettent avec une entière confiance au Conseil de Préfecture l'appréciation d'une telle mánière de procéder ; elle prouve, jusqu'à l'évidence, qu'ils ont agi avec toute la loyauté désirable.

Il est vrai que lors de la vérification des attachements précités, M. l'inspecteur Benoist crut devoir opérer des réductions ou des suppressions d'ouvrages, mais en revanche, pour celles de ces suppressions ou réductions qui ne léur paraissaient pas suffisamment justifiées, les Entrepreneurs n'ont accepté les attachements que sous bénéfice des réserves expresses formulées par les écrits sur les dits.

Si, d'autre part, l'Expéditionnaire, chargé de reporter sur les mémoires définitifs les attachements, dont une expédition revisée était démeurée entre les mains des Entrepreneurs, n'a pas toujours tenu compte des rectifications, très-légères du reste, faites par M. l'Inspecteur, cet oubli n'avait aucune importance, attendu que l'Administration possédait toujours par devers elle les documents nécessaires pour établir les chiffres, et que, d'autre part, les différences signalées en fin de compte proviennent principalement de réductions de prix et suppressions d'ouvrages et non pas d'erreurs de métré plus ou moins importantes.

Sans aucune nouvelle de leurs mémoires demeurés entre les mains de M. l'Inspecteur Benoist, les Entrepreneurs durent réclamer à M. Laisné la communication desdits mémoires revisés ; cette réclamation, formulée dans leurs lettres des 18 Novembre, 5 et 18 Décembre 1868, Nos 109, 111, 113, n'obtint pour toute réponse, que deux billets assez laconiques annexés au présent sous les Nos 112 et 114, et datés des 13 et 19 Décembre 1868.

L'un des soussignés fut obligé de se transporter à Cluny à la hâte, où il parvint à rencontrer M. Laisné, le 22 Décembre, et obtint la communication *d'une partie seulement* des mémoires revisés. *L'autre partie* des mêmes mémoires n'a été communiquée aux Entrepreneurs qu'après *retour* de la *première partie entre les mains de l'architecte*, ainsi que le prouvent les lettres Nos 115, 116, des 24 Décembre 1868 et 8 Janvier 1869.

Il est utile de faire remarquer ici que les mémoires communiqués aux Entrepreneurs à cette époque, ne renfermaient *aucune observation détaillée*, de nature à motiver les rejets ou réductions opérées par la vérification.

Le réglement atteignait sur lesdits mémoires un chiffre de 136,940 fr. 86 , déduction faite de tous rabais quelconques.

Avant de rédiger leurs réclamations motivées, les Entrepreneurs voulant, autant que possible, se conformer aux conditions de l'adjudication du 6 Juillet 1867, bien qu'ils n'en eussent pris qu'une connaissance très-sommaire au début de l'entreprise et pour les raisons énumérées en tête du présent mémoire, réclamérent à M. Laisné la communication de divers renseignements et surtout celle du *Cahier des charges générales de l'Entreprise*, si souvent invoqué par la Direction des travaux. Ces réclamations demeurèrent sans résultat ; l'examen des lettres de l'entreprise, Nos 117, 119, 121, en date des 11, 15, 23 Janvier 1869, et des réponses de M. Laisné, Nos 118, 120, en date des 14 et 21 même mois, fournira tous renseignements sur ce point.

Enfin, par une lettre No 122, en date du 5 Mars, M. l'architecte Laisné prévenait les entrepreneurs que, faute par eux d'avoir produit leurs réclamations dans le *délai de 15 jours*, à partir de la communication des mémoires,

il considérait son règlement comme accepté et le déposait au Ministère, pré
tendant en outre qu'aucune réclamation ne saurait être admise désormais
et il invoquait encore, à l'appui de cette décision, le cahier des charges générales, complètement inconnu de l'Entreprise !.....

La réponse des soussignés, dont copie est ci-jointe, sous le No 123, du 11
Mars 1869, combat énergiquement les prétentions de M. l'architecte Laisné
et réclame une dernière fois la communication du cahier des charges générales, en vertu duquel leurs droits seraient périmés dans un délai si court.
Cette lettre demeura sans réponse comme les précédentes ; elle termine du
reste la correspondance échangée depuis deux années consécutives entre
l'Entreprise et la Direction des Travaux.

Il appartient au Conseil de Préfecture de décider s'il est possible à un
entrepreneur de produire dans un délai de *15 jours* des réclamations
sérieuses, fortement motivées, sur l'ensemble de mémoires très-importants,
et pour la vérification desquels la Direction des travaux a cru devoir
employer *4 mois.*

Mis en demeure par M. le Ministre de l'Instruction publique, qui, dans
sa dépêche No 125, en date du 25 Mai, les invitait à produire leurs réclamations, les Entrepreneurs répondirent à Son Excellence par une lettre No 126,
du 30 Mai 1869, en le prévenant qu'en présence des réductions exagérées et
*non motivées* faites par M. l'architecte Laisné, ils se voyaient forcés de soumettre le règlement de leurs comptes à la décision du Conseil de Préfecture.

En conséquence, assignation fut donnée à l'Etat en la personne de M. le
Préfet de Saône-et-Loire, en date du 10 Mai dernier, à comparaître devant
le Conseil de Préfecture du département, aux fins de faire terminer par voie
d'expertise ou tout autre moyen que le Conseil jugera utile, la valeur des travaux effectués et faisant l'objet du litige.

En réponse à cette assignation, M. l'architecte Laisné a fait parvenir au
Greffe du Conseil de Préfecture, et seulement fin Août dernier, c'est-à-dire
3 mois après l'assignation, une série d'observations tendant à maintenir
l'exactitude des chiffres portés dans son règlement provisoire et à justifier
les réductions opérées sur le montant des travaux.

Bien que les observations précitées de M. l'architecte Laisné soient rédigées
dans une forme vague, en termes trop généraux pour donner prise à une
argumentation sérieuse, les soussignés espèrent en avoir démontré le peu de
fondement dans la première partie de ce mémoire ; car ce n'est pas seulement par des affirmations ou des dénégations pures et simples qu'ils com-

battent les conclusions de M. l'architecte Laisné, mais, bien au contraire, en citant des faits, des dates, et en les appuyant de pièces authentiques.

Toutefois, il importe de rectifier et de réduire à leur juste valeur les allégations contenues dans la note du 28 Août : la première, qui consiste à dire que les Entrepreneurs soussignés ont soumissionné les travaux non compris au devis estimatif servant de base à l'adjudication du 6 Juillet, est complètement erronée. *Jamais* la proposition de soumissionner ces travaux n'a été faite à l'Entreprise, aucun devis ne lui a été communiqué, on a abusé de la complaisance des soussignés au point de les employer, ainsi que leur personnel, à recueillir les éléments d'un projet, puis à peine ce projet fut-il rédigé et arrêté, que la Direction des travaux, prétextant leur incapacité et leur peu d'activité, confia l'exécution des nouveaux ouvrages à un Entrepreneur qui était loin d'offrir les mêmes garanties que les soumissionnaires du 6 Juillet.

Nous n'insisterons pas sur ce point, persuadés que M. l'architecte Laisné regrette lui-même la précipitation avec laquelle il agissait dans cette circonstance.

Il est également contraire à la vérité de prétendre que les entrepreneurs soussignés auraient recueilli un bénéfice quelconque de cet accroissement de travaux, attendu qu'on leur a retiré l'exécution des ouvrages faciles et lucratifs pour les laisser aux prises avec ceux présentant des difficultés de toute nature. Les hangars, construits pour le service de l'Entreprise, ont été établis à ses frais et l'emploi des matériaux de l'Administration n'a eu lieu que sur une autorisation expresse ; d'ailleurs les Entrepreneurs ont dû en rendre compte à la fin des travaux, ce que l'on peut vérifier par les lettres N°s 2, 41 et 42, en date des 16 Juillet, 24 et 26 Décembre 1867.

Quant à l'exemption de verser le cautionnement *d'un vingtième* sur les travaux imprévus, le Conseil de Préfecture appréciera la valeur de cet argument, lorsqu'il saura :

1° Qu'en présence de ces ouvrages et sur les instances pressantes de la Direction des travaux, les soussignés avaient fait des commandes de pierres de taille et autres matériaux, qu'il a fallu résilier d'une façon onéreuse;

2° Que les paiements d'à-comptes ne se faisant pas régulièrement, l'Entreprise a dû faire des avances énormes et représentant *30 fois* le capital du cautionnement exigé.

Quelques mots sur la manière dont s'effectuait le paiement des ouvrages suffiront pour éclairer la religion du Conseil en ce point, que néglige à dessein

M. l'architecte Laisné. Les soussignés ont produit à l'appui de leurs demandes d'à-comptes les situations suivantes :

1º 31 JUILLET 1867.

Situation s'élevant à . . . . . . . . . . . . . . . 4,814 fr. 56

2º 20 OCTOBRE 1867.

Situation s'élevant à . . . . . . . . . . . . . . . 109,469 fr. 29

3º 30 NOVEMBRE 1867.

Situation s'élevant à . . . . . . . . . . . . . . . 159,357 fr. 59

La direction des travaux n'a tenu aucun compte de ces situations et n'a jugé à propos de faire payer aux soumissionnaires pendant cette période que deux à-comptes, formant ensemble une somme de 41,300 fr. 00, soit à peu près le 1[4 des dépenses effectuées par les Entrepreneurs. Un deuxième à-compte de 38,000 fr. 00 fut payé à ces derniers en Mars 1868, c'est-à-dire près de l'achèvement des travaux ; puis enfin un quatrième à-compte de 25,700 fr. 00 fin Mai, un mois après la réception provisoire.

Pendant que les entrepreneurs principaux subissaient des retards aussi regrettables et aussi préjudiciables à leurs intérêts, d'autres entrepreneurs, dont les fournitures étaient postérieures, furent payés au moyen des fonds destinés primitivement à la construction.

M. l'architecte Laisné reconnaît lui-même que *son règlement provisoire* ne motivait pas suffisamment les rejets ou réductions qu'il comportait, puisque, dans sa note du 28 Août, il informe le Conseil qu'il a dû revoir son travail et annoter en marge les motifs des rabais ou réductions. Cette révision a porté le chiffre du règlement à la somme de 145,746 fr. 30, laquelle est supérieure de 8,805 fr. 00 environ au règlement provisoire de Décembre 1868.

On doit conclure de ce fait :

1º Que les réductions primitives avaient été faites arbitrairement, puisque l'obligation de les justifier entraîne un accroissement de prix ;

2º Que la vérification et le contrôle des attachements avaient été faits par une personne complètement étrangère aux travaux et par conséquent incapable de les apprécier sainement ;

3º Que M. l'architecte Laisné n'avait peut-être pas pris la peine d'examiner lui-même les mémoires qui lui furent soumis et s'était, sans doute, borné à couvrir de sa signature le travail de son vérificateur.          2

Les entrepreneurs soussignés repoussent énergiquement les insinuations contenues dans la note du 28 Août, et qui tendraient à faire croire que des *mal-façons* auraient été signalées lors de la vérification et n'ont pas été réparées; il suffit de relire la *page 4 du présent mémoire* pour juger de la valeur de cette assertion.

Les soussignés conclueront en affirmant de nouveau les faits déjà énoncés dans le courant du mémoire, à savoir :

1° Que la soumission du 6 Juillet 1867 ne pouvait s'appliquer qu'aux travaux compris dans le devis estimatif de 84,936 fr. 00, exécutés dans les conditions ordinaires des ouvrages de même nature ;

2° Que la communication des pièces officielles de l'adjudication ne leur ayant été faite que temporairement au début de l'Entreprise, il ne leur a pas été permis d'en prendre une connaissance suffisamment approfondie, et par conséquent qu'ils ne peuvent être tenus de se conformer à des clauses et conditions qu'ils ignoraient, et dont la communication leur a été refusée ultérieurement;

3° Que, *dans tous les cas*, la soumission du 6 Juillet 1867, faite dans un but déterminé et circonscrit, ne saurait constituer pour eux l'engagement d'exécuter aux *mêmes conditions* une quantité indéfinie de travaux ;

4° Que la Direction des travaux a fait éprouver aux soussignés un préjudice moral et matériel en prétextant de leur *inhabileté* pour leur retirer, le 4 Septembre 1867, l'exécution des ouvrages les plus *lucratifs* du bâtiment à l'Ouest de la cour du jet d'eau et en confiant ces mêmes ouvrages à un entrepreneur qui n'offrait aucune espèce de garantie ;

Qu'en suscitant ainsi à l'Entreprise, et sur son propre chantier, une concurrence redoutable, M. l'architecte Laisné a outrepassé les pouvoirs qui pouvaient lui être dévolus, attendu qu'il est d'usage en matière de *travaux publics*, et lorsqu'un entrepreneur ne remplit pas ses engagements, de le mettre en demeure d'avoir à s'y conformer dans le délai de *dix jours* et en le prévenant qu'à l'expiration de ce délai, les travaux ne lui seront pas *retirés*, mais *exécutés en régie* à ses frais, jusqu'à ce qu'il soit en mesure de les reprendre avec l'activité désirable ;

5° Que cette même direction des travaux, ne tenant aucun compte des difficultés inouies qu'entraînait l'exécution de tous les ouvrages de restauration, a rejeté arbitrairement des mémoires de l'Entreprise des plus-values légitimes et dont il sera dûment justifié.

En conséquence : les soussignés font appel à la justice du Conseil, en le priant de soumettre à l'appréciation d'*hommes compétents*, c'est-à-dire de *constructeurs* d'une *capacité éprouvée*, les travaux faisant l'objet du litige.

Un second mémoire renfermant tous les éléments nécessaires à l'analyse détaillée des comptes produits et appuyé de nombreuses pièces justificatives, sera remis par les soussignés en temps opportun pour faciliter la mission des experts.

Ils supplient également le Conseil de vouloir bien leur faire délivrer d'urgence la provision demandée dans l'assignation du 10 Mai, car les déboursés faits par eux pour l'exécution des travaux, aujourd'hui en litige, sont énormes ; un plus long retard dans le paiement de cette provision compromettrait leur situation financière, déjà fortement ébranlée par les innombrables délais qu'ont subis les paiements d'à-comptes.

BRUNO ET CRÉMIEUX.

# CORRESPONDANCE

N° 1.                                   Cluny, 13 juillet 1867.

Monsieur l'architecte,

M. le Directeur de l'Ecole de Cluny, paraissant désirer beaucoup le prompt achèvement des travaux d'appropriation de l'ancienne salle de théâtre, nous vous serions reconnaissants de vouloir bien nous communiquer au plus tôt vos instructions à cet égard.

Nous aurions besoin également des plans et détails du nouveau bâtiment à construire pour nous mettre en mesure de commencer des approvisionnements de pierre de taille et bois de charpente ; le détail du grand escalier nous serait utile pour en tracer l'épure et faire couper les panneaux.

Veuillez être assez bon, Monsieur l'architecte, pour nous donner une réponse à bref délai; nous ne pouvons rien préparer avant votre décision.

Les locataires sont toujours installés sur le cloître, et d'ici à lundi soir, nous n'aurons plus de démolition à effectuer ; vous jugerez peut-être convenable d'écrire vous-même à M. le Directeur, afin de lui expliquer les motifs qui retardent le commencement des travaux d'appropriation du 1er étage, au couchant de la cour du jet d'eau, retard qu'il pourrait attribuer à notre négligence.

M. Ch. Benoist a dû vous prévenir que le vieux mur que vous destiniez former un des côtés de la cage d'escalier projetée, n'offre qu'une épaisseur de 0m 40 à sa partie supérieure, et que sa structure n'est pas très-bonne.

Veuillez agréer, Monsieur l'architecte, l'assurance de notre respectueux dévouement.

Signé : BRUNO et CRÉMIEUX,
Entrepreneurs des travaux de l'Ecole de Cluny.

N° 2

Monsieur l'Inspecteur,

Veuillez être assez bon pour me faire dire, par retour du porteur, s'il nous serait permis d'employer pour la construction de notre baraque les matériaux de démolition, à charge par nous d'en tenir compte à l'administration.

Recevez, Monsieur, l'assurance de notre respectueux dévouement.

Signé : BRUNO et CRÉMIEUX.

---

N° 3.

Monsieur l'architecte,

Nous avons prié M. Ch. Benoist de vous demander divers renseignements et de vous exposer en même temps certaines difficultés que nous éprouvions pour la continuation des travaux.

M. Ch. Benoist nous a bien, d'une façon très-sommaire, donné communication de vos réponses ; mais, soit que nous ayons mal interprété les termes dont il s'est servi, soit que de notre côté nous ayons mal exprimé nos demandes, les réponses susdites à nos observations sont loin d'éclaircir nos doutes :

1° En ce qui touche les fondations du mur de l'escalier,

Le sol, fouillé jusqu'à 1m 50, n'offre aucune espèce de consistance, et nous serons obligés de pousser la fouille plus loin pour arriver à un résultat convenable ; de plus, si la fouille arrivait à une notable profondeur sans atteindre une couche solide, n'y aurait-il pas lieu d'*empâter* plus largement les fondations et de faire emploi du béton, des libages ou des pilots ?

Il est matériellement impossible d'édifier le mur en question sans avoir recours aux moyens précités.

2° En ce qui touche l'emploi des fers Zorès pour la construction d'un plancher sur l'ancienne salle du théâtre.

Nous avons reçu de Fraisans des albums et une brochure traitant de l'emploi des dits fers ; or, tous les calculs contenus dans cette brochure s'appliquent à des *portées* maximum de 8m 00, tandis que nous avons 10m 50 à franchir ; nous ne pensons pas que le profil le plus fort (N° 7), de 0.20 × 22, soit suffisant ; ajoutez que les fers produits par l'usine de Fraisans sont les plus mauvais fers de nos contrées, ce dont vous pourrez vous assurer auprès de tous les marchands de fers, et tous ces motifs vous paraîtront sans dou t de nature à modifier la structure de ce plancher.

Les entrepreneurs étant *responsables* de leurs travaux pendant dix ans, quand bien même ils justifieraient qu'ils se sont conformés aux plans, devis et ordres de l'architecte (article 1792-1797 du Code civil), vous ne trouverez pas mauvais, Monsieur, que nous vous soumettions les observations ci-dessus, attendu que la jurisprudence, sur ce point, est très-rigoureuse, et qu'un récent procès, soutenu à Mâcon, nous invite à nous renfermer dans le droit strict.

D'autres parts, les locataires Franchet et Descombes sont toujours installés sous les cloîtres; par suite, il nous est impossible de démolir et de déblayer l'emplacement du bâtiment neuf à construire.

Je vous signale ce fait, afin que les retards inévitables qui se produiraient ne nous soient pas imputés.

Nous avisons également de ce fait M. le directeur de l'École.

Veuillez être assez bon, Monsieur l'architecte, pour nous faire parvenir, par l'intermédiaire de M. Ch. Benoist, des ordres de services *écrits et signés*, car de simples communications verbales, comme celles qui ont eu lieu jusqu'à présent, ne sont pas régulières et sont en contradiction formelle avec les termes du cahier des charges.

Recevez, Monsieur l'architecte, l'assurance de notre respectueux dévouement.

Signé : BRUNO et CRÉMIEUX.

N° 4.                                     Cluny, 26 juillet 1867.

Monsieur le Directeur,

Les travaux adjugés à notre profit le 6 Juillet courant, et dont l'exécution, commencée le 8 du même mois, s'est poursuivie avec toute l'activité possible, sont aujourd'hui sur le point d'être complètement interrompus.

Les locataires Franchet et Descombes persistant à occuper les locaux dont la démolition est nécessaire pour la construction du bâtiment projeté, il nous est impossible de prévoir l'époque à laquelle ces travaux seront repris et achevés.

Bien qu'on nous fasse espérer chaque jour une prompte solution à cet égard, vingt jours se sont écoulés infructueusement depuis l'adjudication, et ce retard menace de se prolonger indéfiniment.

En présence de ces faits, nous croyons devoir, Monsieur le Directeur, vous donner avis des causes, indépendantes de notre volonté, qui nous mettent dans l'impossibilité matérielle d'accomplir l'engagement pris le jour de l'adjudication, et en même temps *repousser dès aujourd'hui* toute responsabilité à l'endroit des retards qui se produiraient ultérieurement et par suite des causes sus-indiquées.

Nous avons également prévenu M. Laisné à ce sujet.

Veuillez agréer, Monsieur le Directeur, l'assurance de notre profond respect.

Signé : BRUNO et CRÉMIEUX.

N° 5.                     Cluny, 27 juillet 1867.

Monsieur l'Inspecteur,

Nous avons l'honneur de vous transmettre ci-joint les attachements N°s 14 à 19 inclusivement, lesquels ont été dressés en double expédition, dont l'une contient les rectifications et corrections faites sur le tas.

Veuillez, Monsieur, après examen des dits attachements, nous les retourner afin qu'ils soient revêtus de notre acceptation, dans le délai de huit jours, en conformité des clauses du cahier des charges.

Nous vous prions également de nous communiquer les attachements antérieurs N°s 1 à 13, pour, en compléter les calculs et les revêtir aussi de notre signature.

Recevez, Monsieur, l'assurance de notre considération très-distinguée.

Signé : BRUNO et CRÉMIEUX.

N° 6.                    Paris, 27 juillet 1867.

Monsieur Bruno,

J'ai reçu votre lettre du 25 courant et m'empresse de vous faire savoir que je ne pourrai pas vous transmettre d'ordre de service tant que les bâtiments expropriés ne nous seront pas livrés.

En ce moment, je ne puis pas arrêter le mode de fondation du bâtiment neuf, n'ayant pas de renseignements suffisants sur la nature du sol, et d'ailleurs je veux que *toutes les fondations soient exécutées* à la fois.

Quant au plancher haut de l'ancienne salle de spectacle, n'ayant pas encore d'autorisation d'exécuter ce travail supplémentaire, je ne puis le faire effectuer d'une façon plutôt que d'une autre.

Si je vous ai fait demander une évaluation en fers Zorés, ce n'est pas, croyez-le bien, pour compromettre plus votre responsabilité que la mienne, que je sais parfaitement bien tenir à couvert. C'est à titre de renseignements et d'estimation, afin d'apprécier le mode de construction le moins coûteux *quoique solide*, et certes je n'ai que l'embarras du choix.

Jai l'honneur de vous saluer.

Signé : CH. LAISNÉ.

---

**N° 7.**                                                                    Cluny, 29 Juillet 1867.

Monsieur,

Pourquoi vos ouvriers ne travaillent-ils pas ce matin ? Nous n'avons cependant pas de temps à perdre et vous devriez apporter toute votre activité, afin que les travaux marchent vite.

J'écrirai à mon oncle aujourd'hui pour l'informer de la chose.

J'ai l'honneur de vous saluer.

Signé : CH. BENOIST.

---

**N° 8.**                                                                    Cluny, 6 Août 1867.

Monsieur l'Inspecteur,

Nous avons l'honneur de vous transmettre ci-joint les attachements Nos 20 à 29 inclusivement, revisés par vous et revêtus de notre acceptation. Toutefois nous vous prions de remarquer que les attachements 15-26 sont incomplets en ce qui concerne le cube des déblais que nous ne pourrons déterminer qu'après expérience faite contradictoirement.

Nous avons l'honneur de vous saluer.

Signé : BRUNO et CRÉMIEUX.

---

**N° 9.**                                                                    Cluny, 7 Août 1867.

Monsieur l'Inspecteur,

Nous avons l'honneur de vous remettre ci-joint :

Etat de situation des travaux exécutés au 31 Juillet dernier, soit le résumé

3

des attachements 1 à 29 inclus, lesquels ont été quotidiennement vérifiés et signés par nous et revêtus de notre acceptation.

Cette situation s'élève, déduction faite du rabais d'adjudication, à la somme de 4814 fr. 56, sauf erreurs ou omissions ; pour vous-en faciliter la révision, vous trouverez annexé à la dite situation un extrait méthodique des attachements par nature des travaux, lequel vous permettra de contrôler l'exactitude des quantités portées en compte.

Veuillez, Monsieur l'Inspecteur, transmettre, dans le plus bref délai possible, cette pièce à M. l'Architecte en chef, en le priant de faire préparer en retour le certificat de paiement correspondant.

Nous avisons M. Laisné de la remise de cette situation à la date du 7 Août.

Veuillez agréer, Monsieur, l'assurance de notre considération.

Signé : BRUNO et CRÉMIEUX.

———

**N° 10.**          Cluny, 7 Août 1867.

Monsieur l'Architecte,

Nous avons l'honneur de vous donner avis que nous remettons ce jour à M. Ch. Benoist, Inspecteur, un *état de situation* des travaux exécutés au 31 Juillet dans le bâtiment de l'école de Cluny.

Cette situation, qui n'est autre chose que le *Résumé* exact des ¦attachements journaliers vérifiés contradictoirement* avec M. l'Inspecteur, s'élève, déduction faite du rabais d'adjudication, à la somme de *4814 fr. 56*, sauf erreurs ou omissions.

Veuillez être assez bon, Monsieur l'Architecte, pour examiner cette pièce et nous faire délivrer un certificat pour paiement d'à-comptes correspondant aux chiffres qu'elle comporte.

M. Ch. Benoist nous fait espérer votre visite pour le courant de la semaine prochaine; nous serions très-heureux qu'il en fût ainsi, car nous perdons un temps précieux pour attendre le bon vouloir de messieurs les locataires, qui sont plus que jamais décidés à rester.

Les appropriations de la maison Jacquelot touchent à leur terme, et la démolition de tous les immeubles inhabités sera terminée dans deux jours; nous ne voyons pas pour le moment d'autres travaux possibles, à moins que vous ne puissiez nous transmettre des instructions en ce qui touche les constructions à faire sur la rue du Marché.

D'autre part, nous ne pouvons clore notre chantier, ainsi qu'il était convenu, et, par suite, nous ne pouvons prendre sous notre responsabilité la conservation des matériaux appartenant à l'Administration, et déposés dans la cour du jet d'eau.

Agréez, Monsieur l'Architecte, l'assurance de notre respectueux dévouement.

Signé : BRUNO et CRÉMIEUX.

---

**N° 11.**                                                      Du 8 Août 1867.

NOTE POUR M. L'INSPECTEUR.

Planchers inférieurs des maisons Jacquelot et Letourneau non compris à l'attachement 19, et qui devront figurer conjointement avec les maçonneries en contre-bas du rez-de-chaussée sur un prochain attachement, savoir :

|  |  |
|---|---|
| Sur la rue. . . . | **Maison Joseph.**<br>Solives 6 fois 5.10 × 0.20 × 0.20.<br>Sommiers 8.00 × 0.40 × 0.40.<br>**Maison Letourneau.**<br>Solives 8 fois 3.75 × 0.20 × 0.20.<br>Sommiers 6.00 × 0.40 × 0.40. |
| Sous le cloître. . | **Maison Joseph.**<br>Solives 5 fois 5.20 × 0.20 × 0.20.<br>**Maison Letourneau.**<br>Solives 5 fois 4.20 × 0.20 × 0.20. |

---

**N° 12.**                                                      Cluny, 13 Août 1867.

Monsieur le Directeur,

Dans la nuit du 12 au 13 courant, une portion considérable du toit de l'ancienne salle du Théâtre (versant occidental) s'est effondrée sous le poids de la tuile, et, par suite de l'état de vétusté des bois composant la charpente.

D'autre part, le mur supportant cette même charpente, côté de la rue du Marché, est en fort mauvais état et menace ruine ; en un mot, toute cette partie de l'édifice est dans un état tel, que sa conservation paraît difficile, sinon impossible.

Nous avons immédiatement prévenu, et par voie télégraphique, Monsieur

Laisné, Architecte, des faits mentionnés plus haut, et nous avons pris d'urgence les mesures nécessaires pour prévenir de nouveaux désordres.

Toutefois, Monsieur le Directeur, les étais que nous avons placés ne peuvent que retarder de quelques jours la chùte des constructions dont il s'agit, et nous croyons qu'il serait prudent d'aviser à prendre, à l'égard de cette portion de l'édifice, une mesure radicale.

Nous vous prions donc instamment de vouloir bien vous concerter avec Monsieur Laisné, et de nous donner au plus tôt des instructions en vue des travaux de consolidation et de reconstruction de ce bâtiment.

Recevez, Monsieur le Directeur, l'assurance de notre respectueux dévouement.

Signé: BRUNO et CRÉMIEUX.

---

**N° 13.** Cluny, 13 Août 1867.

Monsieur l'Architecte,

Nous vous confirmons notre dépêche d'aujourd'hui, laquelle, portée à Mâcon par un exprès, a dû vous parvenir dans l'après-midi.

Toute la partie occidentale du comble au-dessus de l'ancienne salle du Théâtre s'est effondrée sous le poids de la tuile et par suite du mauvais état de la charpente dans cette partie; de plus, le mur de cette même partie, et contre lequel étaient appuyées les maisons Letourneau et autres, se trouve être en mauvais état, ainsi du reste que pourra vous en rendre compte M. Benoît.

Nous avons pris immédiatement toutes les mesures que dictait la prudence et nous avons placé les étais nécessaires pour arrêter le mouvement.

Ces accidents ont eu lieu hier soir vers 9 heures et demie; personne n'était alors sur les chantiers ni dans le voisinage des parties tombées.

Nous donnons également avis de tout ceci à Monsieur le Directeur de l'Ecole.

Nous attendrons vos instructions avant de rien faire pour la restauration projetée de la salle du Théâtre, et nous vous prions d'aviser promptement, car de graves désordres pourraient survenir, malgré les étais que nous avons placés.

Nous vous rappelons la situation de fin Juillet, qui a dû vous être transmise par M. Benoît.

Agréez, Monsieur l'Architecte, l'assurance de notre respectueux dévouement.

Signé: BRUNO et CRÉMIEUX.

**N° 14.**                                        Cluny, 16 Août 1867.

Monsieur l'Architecte,

Nous avons l'honneur de vous adresser par la poste, et comme papiers d'affaires, le plan à 0m 02 du mur Ouest de la salle du Théâtre et des parties avoisinantes; ce plan, aussi exact que possible, et muni de nombreuses côtes, vous permettra d'apprécier le mode de percement le plus prompt et le plus solide en même temps, des baies destinées à agrandir et éclairer les classes du rez-de-chaussée.

Nous avons commencé les clôtures aux deux extrémités du cloître, les déblais sont poussés avec activité, et nous espérons bien que d'ici à huit ou dix jours la face du chantier aura complétement changé.

Dans les premiers jours de la semaine prochaine, notre serrurier va installer un atelier et s'occupera d'urgence, et sans désemparer, de la fabrication des étais ou brides nécessaires à la consolidation du comble du dortoir futur.

Nous ne pourrons avoir les barres de tôle que le 2 ou 3 Septembre au plus tôt; en attendant, nous préparons à Mâcon les bois, et nous faisons tailler les consoles en pierre qui doivent supporter les poutrelles; en un mot, nous ne négligerons rien pour activer la marche des travaux et vous donner à cet égard toute satisfaction.

Recevez, Monsieur l'Architecte, l'assurance de notre respectueux dévouement.

Signé: BRUNO et CRÉMIEUX.

---

**N° 15.**                                        Cluny, 21 Août 1867.

Monsieur l'Inspecteur,

Nous avons l'honneur de vous transmettre ci-joint les attachements N° 30 à 35 inclusivement rectifiés par vous et revêtus de notre acceptation.

Nous préparons ceux concernant la démolition de l'immeuble Franchet, et vous pourrez, dès demain matin, procéder à leur vérification.

Veuillez ne pas oublier non plus votre entrevue avec M. le Maire de Cluny au sujet de l'alignement sur la rue du Marché.

Ayant besoin de vieux bois pour chevronner le comble de la maison Jacquelot restaurée, nous avons prié M. J. M. Michaudon de vouloir bien nous indiquer le magasin où étaient renfermés les bois convenables pour cet usage.

M. Michaudon nous a bien livré vingt à vingt-cinq morceaux ; mais comme nous n'avons pu choisir nous-mêmes, il en résulte que sur cette quantité, insuffisante du reste, une notable portion sera d'un emploi coûteux et difficile.

Vous savez, Monsieur l'Inspecteur, que tous les bois provenant des démolitions effectuées jusqu'à ce jour sont fermés dans des magasins dont nous n'avons pas l'accès ; par suite, il nous est impossible de choisir, parmi ces matériaux, ceux dont l'emploi judicieux procurerait une économie, tout en accélérant la marche des travaux.

D'autre part, et dans la maison Franchet que nous devons démolir, des ouvriers étrangers à nos chantiers enlèvent, sans nous en prévenir, les devantures, escaliers, cheminées, etc., etc., ainsi du reste que l'on a procédé pour d'autres parties, et sans que nous sachions jusqu'à quel point ces enlèvements sont autorisés.

Nous prenons la liberté d'appeler votre attention sur ce point, et nous vous prions instamment de nous faire connaître si cet état de choses est régulier.

Vous devez comprendre, Monsieur l'Inspecteur, qu'il ne peut nous être indifférent de voir notre chantier livré au désordre et occupé par des ouvriers sur lesquels nous n'avons aucune espèce d'autorité.

Vous voudrez bien donner communication de cette lettre à M. Tainné, et nous aviser de la décision qu'il jugera à propos de prendre à cet égard.

Agréez, Monsieur l'Inspecteur, l'assurance de notre considération distinguée.

Signé : BRUNO et CRÉMIEUX.

---

**N° 16.**                                              Le 22 Août 1867.

Monsieur Bruno,

J'espérais avoir beaucoup plus d'ouvriers occupés à la terrasse sur la rue du Marché et mon espoir a été déçu.

Il en est de même pour les autres parties de la construction, qui ne marchent pas du tout à cause du manque d'hommes.

Si demain vendredi, vous n'amenez pas une certaine quantité de personnes, de manière à ce que les travaux marchent avec une grande activité, j'avertirai mon oncle.

J'ai l'honneur de vous saluer.

Ch. BENOIST.

Quelle est la nature de pierre que vous comptez employer ici ? M. Benoist demande à ce que vous en envoyez un échantillon à son oncle.

Signé: Deschamps.

---

**N° 17.**                                      Cluny, 29 Août 1867.

Monsieur Bruno,

Je viens de recevoir une lettre de mon oncle m'annonçant qu'il sera à Cluny lundi prochain.

En conséquence, je viens vous avertir que je tiens beaucoup *à ce que toutes les tranchées soient faites pour le bâtiment neuf, ainsi que pour les classes côté de la rue du Marché, à son arrivée.* Arrangez-vous comme vous voudrez, mais il faut que le travail *soit fait.*

Je vous remettrai pendant la journée un ordre de service qui vous fixera la dimension des tranchées.

J'ai l'honneur de vous saluer.

Signé: Ch. Benoist.

N. B. — Je veux aussi que le châssis qui doit servir de lanterne à l'escalier de l'ancienne maison Jacquelot soit en place.

---

**N° 18.**                                      Cluny, 4 Septembre 1867.

A Monsieur Bruno, Entrepreneur-adjudicataire<br>des travaux de l'Ecole de Cluny.

Monsieur,

Les ordres que je vous ai donnés le 14 Août, pour commencer d'urgence l'appropriation du dortoir de l'étage du comble de l'aile occidentale, n'ayant pas été suivis d'exécution, les ordres pour augmenter le nombre des ouvriers de toute nature n'ayant abouti à aucun résultat sérieux, malgré le dernier délai que je vous avais accordé et qui expire aujourd'hui, je me vois forcé de vous *retirer l'exécution des ouvrages portés aux chapitres 5 et 6*, approuvés par décision ministérielle du 19 Août.

En conséquence, à partir du *5 courant*, vos ouvriers quitteront le chantier commencé, et il sera dressé par l'Inspecteur un état des ouvrages effectués sur les chapitres précédents, qui vous seront soldés suivant le bordereau de l'adjudication.

Les commandes des matériaux concernant ces ouvrages, telles que poutrelles en sapin, tôle, etc., et qui, suivant vos engagements, devaient être livrées dans les premiers jours de Septembre, qui seront parvenues au chantier avant le 9 courant, seront estimées et reprises en compte par l'Entrepreneur qui continuera les travaux; passé ce délai, elles ne seront plus acceptées.

Je vous rappellerai mes recommandations au sujet de l'entreprise adjugée le 6 Juillet, et je vous signifierai de nouveau que si les travaux qui en font l'objet ne sont pas poussés plus activement, je me verrai contraint de prendre à votre égard des mesures rigoureuses.

Recevez, Monsieur, mes salutations.

Signé : Ch. LAISNÉ.

Je vous prie de m'accuser réception de cette lettre.

**N° 19.** Cluny, 5 Septembre 1867.

Monsieur l'Architecte,

Nous avons l'honneur de vous donner avis de réception de votre lettre du 4 courant, nous informant que si aujourd'hui 5 courant, nous n'avons pas notablement augmenté le nombre de nos ouvriers, vous seriez placé dans l'obligation de nous retirer les travaux compris aux chapitres 5-6, approuvés par décision ministérielle du 19 Août dernier.

De plus, et conformément au terme du cahier des charges, vous nous prévenez également, au sujet des travaux adjugés le 6 Juillet, que si leur exécution n'était pas poussée plus activement, il y aurait lieu de nous appliquer une mise en régie.

Au reçu de cette lettre, M. Crémieux, l'un de nous, s'est hâté de partir pour Mâcon en vue de presser le chargement et l'envoi de différents matériaux, ainsi que de recruter des ouvriers maçons, dont le nombre actuel vous paraissait insuffisant.

A son retour, vous lui avez signifié verbalement que vous avez jugé convenable de confier l'exécution des travaux de construction des classes sur la rue du Marché à un nouvel entrepreneur.

Espérant que cette décision ne sera pas sans appel, nous venons, Monsieur l'Architecte, vous rappeler les diverses circonstances qui ont retardé la marche des travaux :

1° La persistance des sieurs Franchet, Roberjot et Boucaud à occuper les locaux que nous devions démolir, et qui n'ont été évacués que le 20 Août;

2º L'état de vétusté du mur occidental de la salle de Théâtre, que vous n'avez pu constater que le 14 Août, et au sujet duquel une décision définitive n'a été prise que le 2 Septembre courant;

3º Les difficultés de toute nature que nous avons éprouvées pour fouiller et déblayer l'emplacement des classes projetées au travers des vieilles substructions et dans l'embarras des murs conservés et des étais;

4º La difficulté non moins grande de réunir promptement à Cluny une quantité notable d'ouvriers du bâtiment, malgré les efforts que nous avons tentés.

Répondant en outre à une objection faite au sujet des approvisionnements de pierres de taille, nous vous prions instamment de vous renseigner auprès des personnes compétentes, et vous demeurerez convaincu de l'impossibilité de trouver dans les carrières de Cluny, et dans un rayon de 12 à 13 kilomètres, les matériaux exigés en quantité suffisante et au prix fixé par le devis.

Après avoir épuisé tous les moyens pour trouver à proximité la pierre de taille nécessaire, nous avons rencontré, à 16 et 18 kilomètres, des carrières convenables et en mesure de nous fournir couramment.

Vous êtes trop juste, Monsieur l'Architecte, pour ne pas tenir compte de toutes ces circonstances, indépendantes de notre volonté.

Vous n'ignorez pas qu'en nous retirant l'exécution de ces travaux après nous avoir fait effectuer les déblais et démolitions, ouvrages ingrats, difficiles et peu rémunérateurs, il en résultera pour nous une perte matérielle sensible, sans parler du préjudice que nous éprouverons pour résilier les marchés passés en vue de ces constructions.

Vous n'ignorez pas non plus que des tentatives d'embauchages sont faites auprès de nos ouvriers, auxquels on offre des journées supérieures, et qu'une proposition de cette nature a même été faite à notre employé, M. Deschamps.

Bien que votre position vous mette au-dessus de pareilles misères, vous reconnaîtrez qu'elles peuvent nous causer des désagréments sérieux.

En un mot, nous avons à lutter ici contre la malveillance générale des gens de la localité, et nous faisons appel à votre bienveillance pour nous faciliter la tâche difficile que nous avons entreprise.

Persuadés que nous n'avons rien fait qui puisse nous faire déchoir dans votre estime, nous vous renouvelons, Monsieur l'Architecte, l'assurance de notre respectueux dévouement.

Signé: BRUNO et CRÉMIEUX.

**N° 20.** Paris, 17 Septembre 1867.

Monsieur Bruno,

Il paraît, d'après ce que me mande M. Benoist, que les maçons, charpentiers et serruriers sont toujours en nombre insuffisant, et cependant vos promesses m'avaient fait espérer qu'à partir de lundi ils seraient plus nombreux.

Les poutrelles, jusqu'à la partie attenante à l'escalier, ne seront pas mises en place à la fin de cette semaine au train dont vous marchez, mais comme je ne puis attendre, *je vous déclare que j'amènerai des ouvriers*, et je sais un entrepreneur qui, dans le pays, ne sera pas aussi embarrassé que vous à me fournir des hommes en nombre.

Il faut aussi presser l'envoi des *lucarnes, menuiseries, parquets*, nécessaires aux deux dortoirs, et j'ai grand peur que vous ne les ayez pas à la fin de la semaine au chantier.

*Si tous ces matériaux et objets ne sont pas arrivés, je vous les laisserai à votre compte*, je vous l'ai assez dit ; car il faut que les dortoirs soient terminés pour le 12 Octobre.

Quant au bâtiment neuf, il paraît qu'il avance toujours avec la même lenteur. *Si vous y mettiez un peu de bonne volonté, le balcon devrait être en place à la fin de cette semaine.*

Recevez mes salutations. Signé : Ch. LAISNÉ.

P. S. — Je vous rappellerai encore la nécessité de couvrir la maison du concierge, et par les ouvriers de Barbé ; je ne veux pas *des ouvriers du pays, je les ai vus à l'œuvre.* Et que cette couverture soit terminée le 21.

———

**N° 21.** Cluny, 18 Septembre 1867.

Monsieur l'Inspecteur,

Nous avons l'honneur de vous donner avis de réception de votre lettre de ce jour, laquelle nous transmettait en communication une lettre de M. Laisné, Architecte, dont nous avons pris bonne note.

Rien ne sera négligé pour activer la marche des travaux qui nous sont confiés, et vous avez pu vous assurer par vous-même que les différents ouvrages faisant partie de notre lot sont en pleine voie d'exécution.

Veuillez agréer, Monsieur, l'assurance de notre considération très-distinguée.

Signé : BRUNO et CRÉMIEUX.

Cluny, 18 Septembre 1867.

Monsieur l'Architecte,

Nous avons reçu ce matin, par l'intermédiaire de M. Charles Benoist, votre lettre du 17 courant, et nous nous empressons de vous donner avis que loin de diminuer, le nombre de nos ouvriers va toujours en croissant.

Nous occupons aujourd'hui 110 ouvriers de tous états, dont 85 à Cluny; les autres, tailleurs de pierre, charpentiers et menuisiers, sont occupés aux carrières de Saint-Sorlin et Clessé, à la préparation des lucarnes et des bois au chantier de Mâcon, et enfin à la confection des menuiseries pour fenêtres.

600m 00 superficiels parquets et les lambourdes correspondantes seront ici le 26 ou le 27 courant; la pose commencera immédiatement.

Notre menuisier est ici et relève sur place les dimensions des portes du cloître, dont M. Ch. Benoist nous a remis ce matin le détail.

Les plâtriers installent leur chantier dans le dortoir au-dessus des ateliers de mécanique.

Les poutrelles armées du grand dortoir sont posées au nombre de quatre; quatre autres suivront sans interruption; les solives sont prêtes, et le plancher sera posé de suite.

Les parties de maçonneries en reprises sont poussées avec toute la célérité possible.

Le bâtiment neuf arrive à hauteur du premier étage; lundi, nous commencerons la pose des consoles et du balcon.

Telle est, Monsieur l'Architecte, la situation exacte du chantier, et si M. Ch. Benoist a pu vous écrire lundi que le nombre des ouvriers avait diminué, c'est par suite d'une circonstance que vous connaissez bien; il est presque impossible d'avoir le lundi matin un effectif complet sur le chantier; mais à midi tout notre monde était présent, ce qui a été constaté par M. Benoist, lequel nous a promis de vous écrire en rectifiant ce que sa première lettre pouvait avoir de trop rigoureux pour nous.

Nous faisons, Monsieur l'Architecte, des sacrifices considérables pour arriver à vous donner satisfaction sous tous les rapports, et nous serions bien malheureux si ces sacrifices tournaient à notre détriment, et si au lieu de vous convaincre de notre bonne volonté et de notre activité, nous vous laissions croire que nous négligeons nos travaux.

Veuillez agréer, Monsieur l'Architecte, l'assurance de notre respectueux dévouement.

Signé : BRUNO et CRÉMIEUX.

**N° 23.**                                              Cluny, 10 Octobre 1867.

Monsieur l'Inspecteur,

Nous avons l'honneur de vous remettre ci-joints les attachements N°ˢ 36 à 72 inclusivement.

Ces attachements, vérifiés contradictoirement avec vous les 24-25 Septembre dernier, ont été établis en double expédition, et nous vous prions de vouloir bien y indiquer les corrections et rectifications faites sur le tas, lors de la vérification.

Vous voudrez bien également revêtir ces attachements de votre signature et nous les retourner pour que nous remplissions la même formalité.

Les attachements N°ˢ 73 à 88 inclus sont prêts, et nous vous serions reconnaissants, si vous pouviez nous fixer le moment où vous procéderez à leur vérification.

Nous profiterons de cette circonstance pour prendre ensemble les hauteurs des déblais effectués sous les parquets à poser et dans la cour de service du bâtiment neuf.

Ci-joint notre carnet d'attachements de serrurerie, sur lequel vous aurez l'obligeance d'apposer votre visa, en regard des pesées inscrites, et que vous pouvez contrôler, soit avec vos notes, soit avec celles de M. Lalané.

Veuillez agréer, Monsieur l'Inspecteur, l'assurance de notre considération très-distinguée.

Signé : Bruno et Crémieux.

---

**N° 24.**                                              Cluny, 14 Octobre 1867.

Monsieur l'Inspecteur,

Nous avons l'honneur de vous donner avis de réception de l'ordre de service qui nous a été transmis le 3 courant.

Tous les ouvrages dont la prompte exécution était réclamée par le susdit ordre de service ont été poussés avec activité dans le courant de la semaine écoulée, et la majeure partie de ces ouvrages est aujourd'hui terminée.

Le balcon du bâtiment neuf serait achevé, si un accident n'était survenu au dernier bloc, qui s'est rompu en le chargeant à la carrière.

Nous recevrons et nous poserons aujourd'hui même le bloc taillé en remplacement de celui ci-dessus, et qui doit compléter le balcon.

La façade de ce bâtiment sera terminée cette semaine, si nous sommes favorisés par le temps.

A cette occasion, nous vous prierons, Monsieur l'Inspecteur, de vouloir bien nous donner le détail de la corniche que M. Laisné avait promis à M. Crémieux le 20 Septembre dernier et dont la pierre a été commandée en carrière le même jour.

Nous aurions également besoin d'un détail de la charpente, comble du même bâtiment, pour commencer au plus tôt la préparation des bois qui la composent.

Les parquets, plafonds, enduits, menuiseries, ferrures, badigeons, peintures, etc., etc., des dortoirs de l'angle nord du jet d'eau, sont terminés depuis le 12 courant.

L'enlèvement des gravois se poursuit à l'aide de six tombereaux ; ce nombre sera porté à dix, à partir du 16 courant.

On continue les reprises de maçonneries dans la cage de l'escalier XIVe Siècle ; seulement nous aurions besoin de connaître la hauteur des naissances de la voûte à rétablir.

Quant à la pénalité édictée par l'ordre de service du 25 Septembre et concernant le déblai de la cour de service du bâtiment neuf, nous prions Monsieur l'Inspecteur de remarquer que huit terrassiers n'ont pas quitté cette besogne depuis le jour qu'elle a été ordonnée, et que si le 5 Octobre au soir ce déblai n'était pas complètement terminé, le mur du réfectoire était entièrement dégagé des terres qui l'encombraient.

Toutefois, pour donner des preuves du bon vouloir qui nous anime, nous consentons à subir la retenue de 10 f. 00 par jour de retard, compris entre le 25 Septembre et le 5 Octobre, jour où se sont terminés les déblais susdits.

Veuillez, Monsieur l'Inspecteur, être assez obligeant pour signer et nous remettre les attachements No 36 à 72, que nous vous avons adressés le 10 courant ; je joins à la présente notre carnet d'attachements de serrurerie, afin que vous apposiez votre visa sur les dernières pesées, et nous vous rappelons aussi la vérification sur les tas des attachements Nos 73 à 88, que nous tenons à votre disposition.

Agréez, Monsieur l'Inspecteur, l'assurance de notre considération très-distinguée.

Signé : BRUNO et CRÉMIEUX.

---

N° 35.                                                   Cluny, 17 Octobre 1867.

Monsieur Bruno,

La corniche du bâtiment neuf doit être, suivant les ordres donnés par

Monsieur l'Architecte, reportée pour le couronnement du dortoir, côté de la rue du Marché; aucune ne doit la remplacer comme il en est question dans votre lettre du 14 courant.

Quant au détail de la charpente, vous l'avez reçu le 15 dernier.

Monsieur l'Architecte attend la hauteur des arrêtiers déposés de l'escalier XIVᵉ siècle, afin de vous fixer la hauteur de la naissance de la voûte; vous deviez la lui donner depuis deux jours.

Veuillez agréer mes salutations.

Signé: Ch. BENOIST,
Inspecteur des travaux de l'École.

N° 26.　　　　　　　　　　　　　　　Cluny, 24 Octobre 1867.

Monsieur l'Architecte,

Nous avons l'honneur de vous donner avis que nous remettons ce jour à M. Benoist une situation approximative des travaux effectués jusqu'au 20 Octobre courant et s'élevant à la somme totale de 110,589 f. 79.

Nous vous prions de vouloir bien examiner cette pièce et nous faire préparer au plus tôt un certificat pour paiement d'à-comptes correspondant à la somme ci-dessus indiquée.

Veuillez agréer, Monsieur l'Architecte, l'assurance de notre respectueux dévouement.

Signé : BRUNO et CRÉMIEUX.

N° 27.　　　　　　　　　　　　　　　Cluny, 30 Octobre 1867.

Monsieur l'Architecte,

D'importantes adjudications doivent se donner à Mâcon dans le courant du mois prochain, et nous serions désireux de nous y présenter; nous venons dans ce but solliciter de votre bienveillance l'obtention pour chacun de nous d'un certificat constatant nos capacités comme entrepreneurs de travaux publics.

Sous ce pli, nous vous remettons deux feuilles timbrées à 0.50, que vous voudrez bien employer à cet objet.

Nous tiendrions beaucoup à recevoir ces certificats sous peu de jours, et nous vous prions instamment de nous les adresser au plus tôt.

M. Bruno a reçu la lettre de condoléances que vous avez bien voulu lui adresser, et me charge de vous exprimer toute sa gratitude pour la part que vous prenez au douloureux événement qui vient de le frapper.

Veuillez agréer, Monsieur l'Architecte, l'assurance de mon respectueux dévouement.

Signé : CRÉMIEUX.

N° 28. 30 Octobre 1867.

Monsieur Bruno,

Veuillez vous occuper sans retard de la dalle refouillée devant recouvrir le canal de la cour de service du bâtiment neuf.

Cette dalle devra avoir, toute la longueur de cette cour, sur une largeur de 0m 90 et une épaisseur de 0m 16.

J'ai l'honneur de vous saluer.

Signé : Ch. BENOIST,
Inspecteur des travaux.

Vous voudrez bien changer la direction de ce canal, et le mettre au milieu de chaque extrémité de la cour comme ci-dessous :

N° **29.** Cluny, 31 Octobre 1867.

Monsieur l'Inspecteur,

Nous sommes obligés de cesser le bardage à pied d'œuvre de la corniche destinée au mur Ouest de l'ancienne salle de Théâtre, M. Laguette occupant lui-même par sa pierre de taille les issues qui débouchent sur le cloître; quant au levage de cette même corniche, nous attendons pour le commencer que le vieux mur soit dérasé et repris pour l'effectuer.

Par suite, notre corniche reste exposée à des chocs et à des accidents dont nous ne pouvons accepter la responsabilité. Nous vous prions donc, Monsieur l'Inspecteur, de prendre bonne note des observations ci-dessus et de vouloir bien donner aux entrepreneurs du bâtiment dont il s'agit les ordres nécessaires pour prévenir tous retards ou avaries, dont nous déclinons dès à présent toute responsabilité.

D'autre part, M. le commissaire de police nous invite à déblayer les matériaux existant en dépôt sur la place du Marché; il nous est impossible d'accéder à son désir, attendu que les matériaux dont il s'agit avaient été déposés dans cet endroit pour être immédiatement réemployés aux constructions à faire sur la rue du Marché.

La majeure partie de nos travaux nous ayant été retirée le 5 Septembre, il nous a été impossible d'utiliser la totalité de ces mêmes matériaux.

L'entrepreneur qui nous a remplacés devait donc s'en servir, et nous ne pouvons être tenus de déblayer un chantier où nous n'avons rien à faire.

Agréez, Monsieur, l'assurance de notre considération distinguée.

Signé : Bruno et Crémieux.

---

N° **30.** Cluny, 31 Octobre 1867.

Monsieur Bruno,

Je m'empresse de répondre à votre lettre de ce matin, concernant le bardage à pied d'œuvre de la corniche destinée au mur Ouest de l'ancienne salle de Théâtre.

Rien ne vous obligeait à faire le bardage complet de toute la pierre; vous pouviez l'effectuer par petites parties, et la mettre au levage au fur et à mesure (le mur étant arrasé dans une longueur d'au moins 10 mètres); de sorte que cette corniche ne serait pas exposée à des chocs et à des accidents *dont vous devez accepter la responsabilité*.

Quant au déblaiement des matériaux, dont M. le commissaire de police vous parle, il doit être fait par vous, car je vous ai compté la démolition des murs et le transport dans une certaine proportion des gravois, et c'est précisément ce qu'il y a sur la voie.publique.

J'ai l'honneur de vous saluer.

Signé : Ch. BENOIST,
Inspecteur des travaux.

**N° 31.** Cluny, 4 Novembre 1867.

Monsieur l'architecte,

Nous avons reçu par l'intermédiaire de M. Benoist :

1° Certificat pour paiement d'un deuxième à-compte de 38,000 fr. sur les travaux de l'Ecole;

2° Deux certificats de capacité, que nous vous demandions par notre lettre du 30 dernier.

Nous vous prions, Monsieur, d'agréer nos bien sincères remerciements pour l'obligeance avec laquelle vous avez bien voulu nous adresser ces différentes pièces.

Toutefois, nous prendrons la liberté de vous faire remarquer que nous vous demandions un certificat pour chacun de nous, et par suite sans doute d'une erreur de votre expéditionnaire, les deux pièces dont il s'agit ont été délivrées au nom de notre sieur Bruno.

En conséquence, nous avons l'honneur de vous retourner ci-jointe la pièce rectifiée, que vous voudrez bien reproduire sur la feuille timbrée qui accompagne la présente.

Au moment de lambourder le dortoir pratiqué dans le comble au-dessus de l'ancienne salle de théâtre, nous venons vous soumettre quelques observations sur l'épaisseur des lambourdes à employer pour cet objet.

Vous nous avez prescrit des lambourdes de $0^m 034$ d'épaisseur seulement; or il est presque impossible que des lambourdes si minces n'éclatent pas, par suite de la pénétration des pointes servant à clouer le parquet et surtout dans le cas très-fréquent où deux lames s'aboutent sur la même lambourde.

Le croquis ci-dessous vous permettra de juger la question.

D'autre part, nous avons curé et restauré complètement l'ancien égoût de la cour de service du Bâtiment neuf.

Malgré tous les soins apportés dans cette besogne, les eaux ne s'écoulent pas, faute d'une pente suffisante et par suite du manque de débouché.

M. Ch. Benoist, qui a pu se convaincre, après un long examen, qu'il était impossible d'arriver à un résultat satisfaisant en conservant l'ancien égoût, nous a donné ordre de reconstruire complètement ce canal et de l'amener dans la cour du jet d'eau en attendant qu'on puisse combiner un système complet de canalisation pour l'école.

Nous nous proposons d'exécuter ce travail conformément au croquis suivant.

**A.** Dalle de couronnement de 0m 90 × 0,16 avec gargouille et regards de 4m 00 en 4m 00.

**BB.** Petits murs de 0,40 en maçonnerie hydraulique.

**C.** Radier en béton hydraulique garni en ciment à l'intérieur et avec pente moyenne de 0m 01 par mètre.

Veuillez agréer, Monsieur l'Architecte, l'assurance de notre respectueux dévouement.

Signé : Bruno et Crémieux.

**N° 32.**  Cluny, 5 Novembre 1867.

Monsieur l'Inspecteur,

Nous avons l'honneur de vous remettre sous ce pli une expédition des attachements N° 36 à 72 inclus ; nous conservons par devers nous l'autre expédition des mêmes attachements signés et vérifiés par vous pour les mesures seulement, les calculs devant être établis et revisés plus tard, lors de la préparation de notre mémoire définitif.

Nous tenons à votre disposition, pour être vérifiés, les attachements N° 73 à 88 inclus, et nous vous serions reconnaissants si vous vouliez bien fixer au mercredi 6 courant, à l'après-midi, la vérification des dits attachements.

Agréez, Monsieur l'Inspecteur, l'assurance de notre considération distinguée.

Signé : Bruno et Crémieux.

**N° 33.**  Cluny, 5 Novembre 1867.

Monsieur l'Inspecteur,

Nous sommes sur le point de commencer le levage des poutrelles armées, qui doivent compléter le plancher supérieur de l'ancienne salle de théâtre ; et au sujet de ce travail, nous venons vous soumettre les observations suivantes :

1° M. Laguette n'ayant pas percé d'outre en outre le mur neuf au droit de chacune des poutrelles, nous avons dû faire effectuer ce travail par nos maçons, car il nous est impossible de mettre les dites poutrelles en place et de les ancrer sans avoir de ce côté un dégagement libre, que nous ne pouvons prendre du côté du vieux mur ;

2° Nous serons obligés conséquemment de regarnir ces trous et nous emploierons du ciment pour ce travail, attendu que ces percements, faits dans la maçonnerie fraîchement exécutée, ont besoin d'être repris avec beaucoup de soins et avec un mortier énergique ;

3° Nos poutrelles reposant d'un côté sur un vieux mur et de l'autre sur un mur de construction récente, il est à craindre que le tassement naturel des maçonneries ne nous fasse déverser notre plancher du côté de la rue du marché, et n'occasionne des désordres dans la structure du bâtiment ; nous croyons qu'il serait prudent de maintenir un étai sous chacune des poutrelles pour prévenir toute avarie, et dans tous les cas nous déclinons toute responsabilité à l'égard des accidents qui surviendraient ;

4° Nous vous prions de prendre note que nos maçons ont effectué le garnissage en maçonnerie derrière la corniche que nous posons, et que trois corbeaux, déjà placés dans le mur attenant à l'ancienne maison Roberjot, seront à reposer par suite de la reprise dudit mur. On déblaie activement la maison Jacquelot, et dès demain on mettra la main à l'œuvre pour les ciments, cheminées et fourneau.

Veuillez agréer, Monsieur, l'assurance de notre considération distinguée.

Signé : Bruno et Crémieux.

N° 34.                                                        Paris, 6 Novembre 1867.

Monsieur Bruno,

M. Laisné me charge de vous dire que les lambourdes devront avoir 0,034 sur 08 de largeur, et que dans votre croquis vous vous étiez trompé.

Pour le parquet du dortoir du comble, elles seront posées directement sur les planchers en sapin ; les lambourdes seront posées dans le sens des solives et non des poutrelles, à cause du biais des murs.

Je vous salue.

Signé : Ch. Benoist.

N° 35.                                                        Cluny, 11 Novembre 1867.

Monsieur Bruno,

Au train dont vous marchez, huit fermes du bâtiment neuf ne seront jamais en place jeudi prochain, comme je l'ai écrit à M. Laisné, *d'après votre affir-*

*mation.* Vos charpentiers ne sont pas assez nombreux, et M. Laisné sera fort contrarié en voyant l'état de levage de la charpente.

Quant à la corniche couronnant le bâtiment occidental de la cour du jet d'eau, vos ouvriers ont commencé à la poser dimanche, et aujourd'hui ils n'y sont plus! Je me plains donc de la lenteur qu'éprouvent les travaux depuis quelques jours dans cette partie, et vous déclare *que si demain mercredi soir* toute la corniche qui reste à poser n'est pas en place, je la laisserai à votre compte, je défendrai sa pose.

Je vous rappellerai encore la nécessité de pousser la pose des arrêtiers de la voûte de l'escalier XIIIe siècle, afin de commencer sans retard la pose des marches de cet escalier.

J'ai bien l'honneur de vous saluer.

Signé : CH. BENOIST,
Inspecteur des travaux.

---

**N° 36.**  Mâcon, 2 Décembre 1867.

Monsieur l'Architecte,

Nous avons l'honneur de vous adresser par la poste et comme papiers d'affaires, une situation approximative des travaux exécutés par nous à l'École de Cluny au 30 Novembre 1867.

Cette situation s'élève à 159,357 fr. 69.

Nous vous prions instamment, Monsieur l'Architecte, de vouloir bien, après examen de cette pièce, nous faire délivrer un certificat pour paiement d'un 3e à-compte dans le plus bref délai possible.

Nous vous serions également reconnaissants, si vous vouliez bien faire ce certificat assez important pour nous permettre de couvrir une notable partie des déboursés énormes et des avances de fonds que nous avons faits jusqu'à ce jour.

Nous avons seulement touché il y a huit jours les 41,300 fr., montant des certificats que vous nous avez délivrés en Août et Octobre derniers, et pour ce mois-ci nous avons besoin de 50 à 60,000 fr. au moins.

Nous serions bien aise d'avoir votre visite sous peu ; nous avons besoin de vous consulter sur différents points, et notamment sur les réparations à faire aux charpentes de l'ancienne maison Fleuret (côté de la rue du Marché).

Nous vous prierons également de nous faire part de vos intentions au sujet de l'ameublement dont vous avez parlé dans le temps à notre menuisier.

Nous sommes retenus ce jour-ci à Mâcon, M. Bruno par la conduite d'un chantier que nous avons à la Préfecture, et notre sieur Crémieux est indisposé depuis quinze jours, ce qui l'a empêché de remettre la présente à M. Ch. Benoist, ainsi que la situation précitée.

Veuillez agréer etc.

Signé : BRUNO et CRÉMIEUX.

**N° 37.**                                                                 Paris, 4 Décembre 1867.

Monsieur Bruno,

Je viens d'apprendre avec beaucoup de peine que vous avez, depuis huit jours, beaucoup ralenti nos travaux ; je le regrette d'autant, que j'espérais que nous serions couverts avant la gelée.

La deuxième révolution de l'escalier XIVe siècle ne se pose pas, et sans raison ; la charpente du bâtiment neuf n'est pas achevée, et la menuiserie ne se pose pas.

La négligence que vous apportez dans ce moment nous cause un véritable préjudice, et c'est dans un moment que vous demandez un fort à-compte pour des travaux que vous n'avez pas tous achevés.

L'instant est bien mal choisi.

Dimanche, je serai à Cluny et me rendrai compte de ce que vous avez exécuté.

La demande d'ouverture de crédit est faite, je pense qu'elle ne se fera pas attendre comme la précédente ; mais pour que je vous délivre un certificat, il faut que vous exécutiez tout ce qu'il est possible.

Recevez, Monsieur, mes salutations.

Signé : CH. LAISNÉ.

**N° 38.**                                                                 Mâcon, 5 Décembre 1867.

Monsieur l'Architecte,

Nous recevons aujourd'hui votre lettre du 4 courant.

Il est vrai que depuis une huitaine, la marche des travaux de Cluny est un peu ralentie, et nous vous avons, dans une précédente lettre, donné le motif de ce ralentissement, c'est-à-dire que, par suite de l'indisposition de notre sieur Crémieux, notre sieur Bruno, obligé de s'occuper simultanément du chantier de Mâcon et de celui de Cluny, n'a pu se tenir continuellement sur ce dernier atelier; par suite et bien que nous ayons notre contre-maître charpentier sur les lieux, la besogne a pu marcher moins rapidement qu'en notre présence.

Toutefois le bâtiment neuf (charpente) est très-avancé, tout le comble est en place, sauf la dernière portion de la cage d'escalier et le raccord du vieux bâtiment, auquel on travaille aujourd'hui.

La pose de la deuxième révolution de l'escalier XIVe siècle serait bien avancée, si nos ouvriers n'avaient pas brisé un des paliers, en le déchargeant ; cet accident, arrivé il y a quinze jours, atteignait précisément le bloc par lequel doit commencer la pose; nous avons donné immédiatement des ordres pour le remplacement de ce morceau, et aujourd'hui même nous recevons avis de son arrivée en gare de Mâcon, d'où nous allons le faire transporter sans retard à Cluny.

Les menuiseries sont depuis longtemps préparées; nous avons ajourné la pose, attendant que le gros-œuvre du bâtiment soit terminé, pour éviter qu'elles subissent des chocs ou des avaries.

Nous serons du reste à Cluny dimanche pour prendre vos ordres et. vous donner toutes les explications nécessaires.

> Veuillez agréer, monsieur l'Architecte, l'assurance de notre respectueux dévouement.
>
> Signé : Bruno et Crémieux.

---

N° 39.                                                    Paris, 21 Décembre 1867.

Monsieur Bruno,

Je suis très-contrarié d'apprendre que, contrairement à vos promesses, vous ne terminez pas les enduits intérieurs des salles du bâtiment neuf; je tiens beaucoup à ce que les enduits en mortier soient faits en ce moment, avant que les froids ne recommencent ; aussi je vous avertis que je n'enverrai pas. le certificat d'à-compte de 38,000 fr. que j'ai préparé pour vous.

Nous avons besoin d'employer les vieux matériaux de vos hangars, qui nous appartiennent; si vous ne consentez pas à nous donner un échange, *quantité pour quantité*, Ch. Benoist a ordre de faire démolir les hangars immédiatement, car nous ne pourrions pas attendre plus longtemps nos briques et nos tuiles creuses.

Veuillez ne pas perdre une minute pour me rendre réponse, ou à Charles Benoist.

Recevez, Monsieur, mes civilités empressées.

Signé : Cʜ. Lᴀɪsɴᴇ́.

Il faudrait aussi finir les ravalements des baies, afin de poser sans retard les croisées et portes.

---

**Nᵒ 40.**                                                                 Paris, 26 Décembre 1867.

Monsieur Bruno,

Je suis extrêmement mécontent d'apprendre que, par suite du manque d'approvisionnement de tuiles de Montchanin, le dortoir placé à la jonction du nouveau bâtiment avec l'ancien a été inondé dans la nuit du 22 au 23. C'est la deuxième fois que pareille inondation a lieu, et lorsqu'à mon dernier voyage je me plaignis, vous m'aviez promis qu'elles ne se renouvelleraient plus, car vous alliez apporter la plus grande diligence pour terminer la couverture et pour éviter de nouveaux dommages, dont vous seriez responsables.

Ces inondations causent dans le dortoir une grande humidité, qui peut engendrer des maladies aux enfants. C'est à votre négligence qu'elles seraient imputables, car depuis longtemps, avant la mauvaise saison, le bâtiment aurait dû être mis à couvert.

Vous n'avez pas répondu à ma dernière lettre : je me plaignais du retard apporté aux travaux, et je vous pressais de terminer la couverture, la charpente, côté de la rue du Marché, les enduits intérieurs, la pose des croisées et portes, afin de mettre les salles à l'abri. Je vous demandais en outre de prendre l'engagement, dans le cas où vous conserveriez encore les hangars, de nous rendre quantité pour quantité des matériaux qui nous appartenaient, et dont nous avions grand besoin.

N'ayant pas de réponse, j'ai donné ordre à Ch. Benoist de faire démolir les hangars *jeudi matin à vos frais et de porter aussi à votre compte le déchet de ces matériaux.*

Quant à votre certificat d'à-compte de 38,000 fr., je le retiendrai tant que nous ne serons pas à l'abri.

Il est regrettable en outre que votre absence du chantier se prolonge aussi longtemps, lorsque votre présence y serait si nécessaire.

Recevez, Monsieur, mes salutations.

Signé: Ch. Lᴀɪsɴᴇ́.

**N° 41.**

Monsieur l'Architecte,

Nous avons l'honneur de vous donner avis de réception de vos lettres des 21-23 courant.

Nous vous prions d'agréer nos excuses, si nous n'avons pas répondu immédiatement au sujet des vieux matériaux de nos hangars ; M. Crémieux ayant déclaré verbalement à M. Ch. Benoist que nous tenions ces vieux matériaux à la disposition de l'administration, nous avions supposé que vous étiez instruit de ce fait et nous n'avons pas jugé utile de vous en aviser directement.

Répondant d'autre part aux deux lettres précitées, nous ne pouvons vous dissimuler, Monsieur l'Architecte, l'impression pénible que nous éprouvons en recevant les reproches qu'elles contiennent.

Nous constatons avec regret que les renseignements reçus par vous sur la marche des travaux sont erronés, et nous espérons vous démontrer victorieusement, que loin d'apporter aucune négligence dans l'achèvement des ouvrages qui nous sont confiés, nous continuons à déployer le zèle et l'activité dont nous avons donné tant de preuves depuis le début de l'entreprise.

Tous les travaux dont vos lettres précitées réclament l'exécution sont terminés, et ceux aujourd'hui en cours d'exécution n'ont été décidés et *résolus que le 8 Décembre dernier* ; chaque jour, du reste, voit naître de nouvelles modifications, et il serait contraire aux lois de l'équité de nous imputer des retards qui proviennent de causes complètement étrangères à notre volonté.

Nous prenons la liberté de vous faire remarquer :

1° Que tous les enduits intérieurs en mortier, sauf les deux cages d'escalier, étaient terminés lors de votre dernier voyage à Cluny ;

2° Que les menuiseries pour fenêtres du bâtiment neuf sont posées depuis le 15 courant ;

3° Que les menuiseries des baies sous le cloître seraient posées également, si nous n'avions dû attendre, pour poser les seuils, que le fumiste effectue la construction des prises d'air : ce travail, en vue duquel nous avons fait des fouilles le *mardi 17 Décembre*, n'a été commencé que *lundi 23 courant* ; à partir d'aujourd'hui, nous faisons poser ces menuiseries en même temps que nous poursuivons le nivellement et le béton des classes pour recevoir le lambourdage sur bitume ;

4° Si l'approvisionnement des tuiles de Montchanin s'est trouvé incomplet, c'est par suite d'un malentendu facile à expliquer :

6

A l'époque où Barbé fit sa commande de tuiles, il était question de limiter le comble du bâtiment neuf par un pignon, tandisqu'on a décidé ultérieurement la construction d'un raccord triangulaire, augmentant de 100m 00 la surface à couvrir.

Le complément des tuiles est arrivé dimanche matin, 22 courant, et de suite les couvreurs se sont mis à l'œuvre ; interrompus par la nuit, ils ont terminé leur besogne lundi matin, à 7 heures.

Obligé de couvrir d'urgence le bâtiment neuf, sur la rue du Marché, Barbé s'est vu forcé d'ajourner la couverture du brisis (bâtiment neuf), qu'il doit effectuer au premier jour.

5e La reconstruction de la croupe du comble Fleuret, prescrite par vous, le *9 Décembre courant*, est presque achevée, et nous croyons pouvoir affirmer que ce travail de charpente, hérissé de difficultés, a été conduit avec intelligence et activité.

En dehors des travaux mentionnés ci-dessus, nous ajouterons que la pose de l'escalier XIVe siècle touche à sa fin, malgré les difficultés inouïes suscitées par le défaut d'espace et la mauvaise structure des murs de la cage.

Nous ne pouvons accepter sans protestation le reproche d'absence du chantier, contenu dans votre lettre du 24 courant : outre que l'un de nous est toujours à Cluny, nous avons sur les travaux :

> 1° Un chef-ouvrier ;
> 2° Un appareilleur ;
> 3° Un Contre-maître charpentier.

Ce personnel nous paraît plus que suffisant pour mener à bien l'entreprise et l'on ne peut rigoureusement exiger que, négligeant toutes nos affaires, nous nous astreignions à conduire personnellement un chantier aussi près de son achèvement.

Nous vous prions instamment, Monsieur, de nous délivrer au plus tôt le certificat de 38,000 fr. 00, que vous avez préparé ; cette somme, déjà bien inférieure au chiffre de 50,000 fr. 00; dont vous aviez entretenu M. Crémieux le 11 Décembre courant, ne représente qu'une faible part des avances énormes faites par nous et qui atteignent aujourd'hui plus de 180,000 fr.

Agréez, Monsieur l Architecte, l'assurance de notre considération distinguée.

Signé: BRUNO et CRÉMIEUX.

**N° 42.**                                                   Cluny, 8 Janvier 1868.

Monsieur l'Architecte,

Nous venons vous confirmer notre lettre du 26 Décembre dernier dans tout son contenu.

Depuis cette date, et malgré la rigueur de la saison, nous avons fait poursuivre l'exécution des divers ouvrages dont notre missive précitée vous entretenait.

Barbé s'est vu contraint d'abandonner les travaux de couverture en présence d'un froid excessif (15° au-dessous du zéro) que nous avons éprouvé depuis dix jours ; il espère reprendre demain matin sa besogne interrompue, et vous pouvez être certain qu'il la conduira rondement.

Le plâtriers ont dû également s'arrêter pendant le même laps de temps ; mais aussitôt la couverture achevée, nous ferons clore hermétiquement toutes les baies et nous pourrons alors continuer la plâtrerie à l'abri des gelées.

Les parquets du rez-de-chaussée (bâtiment neuf) seraient finis, si M. Benoist n'avait pas jugé à propos d'arrêter les bitumiers qui scellaient les lambourdes (suppression que nous avons peine à comprendre), et si d'autre part le fumiste n'était pas obligé de reconstruire deux des prises d'air faites les 23 et 24 Décembre dernier.

Nous nous proposons de faire reprendre à bref délai ces travaux, que le froid ne peut contrarier et qui nous empêchent d'achever les parquets.

L'escalier XIVe est posé, et nous attendons au premier jour les six marches de départ qui doivent remplacer celles actuelles, qu'il est impossible d'utiliser pour deux raisons :

1° elles sont trop courtes pour la nouvelle disposition ;

2° elles se brisent en morceaux lorsqu'on les descelle.

On procède depuis huit jours à la pose de l'escalier du bâtiment neuf ; le peu de largeur de la baie ouvrant sur le cloître, nous fait éprouver beaucoup de difficultés pour le bardage des paliers, dont la plupart des morceaux ont $3^m 50 \times 2^m 30$ et pèsent 4,500 à 5,000 kilogrammes ; nous avons eu des difficultés analogues pour le bardage des paliers de l'escalier XIVe siècle : ce défaut d'accès facile double le travail de pose et vous explique suffisamment le long espace de temps consacré à ces travaux.

Nous espérions toucher avant le 31 Décembre 1867 le certificat pour paiement, que vous nous aviez promis le 9 du même mois ; vous n'ignorez pas, Monsieur l'Architecte, quelles énormes avances nous avons dû faire depuis

sept mois pour la conduite de l'entreprise qui nous est confiée, notre dernière situation arrêtée au 30 Novembre 1867, s'élevant à 159,357 fr. 69.

Cette même situation, arrêtée au 5 Janvier 1868 et que je prépare actuellement, s'élèvera en chiffres ronds à 195,000 fr.; sur cette somme, nous avons
touché 41,000 fr.; nous sommes donc en avance de 154,000 fr. 00 au moins,
car je néglige dans la situation certains travaux non achevés et représentant
une somme considérable; or en présence d'un pareil découvert, nous croyons
pouvoir réclamer d'urgence l'obtention d'un certificat d'à-compte. Nous
en avons besoin pour le 14 courant au plus tard, et nous vous prions, Monsieur l'Architecte, de vouloir bien nous le faire parvenir par retour du
courrier.

De plus, nous vous serions reconnaissants de formuler au plus tôt une
nouvelle demande de crédit pour le mois de Décembre; vous recevrez d'ici
au 15 courant la situation arrêtée au 5 Janvier, et nous ne pouvons attendre
plus longtemps un nouveau certificat au moins égal aux précédents.

Nous insisterons avec fermeté pour obtenir la délivrance des dits certificats,
car nous tenons à faire honneur à nos engagements financiers, et nos res-
sources sont à bout; il est indispensable que nous touchions 80 à 100,000 fr.
d'ici au 31 Janvier prochain.

Veuillez agréer, Monsieur l'Architecte, l'assurance de notre respectueux dévouement.

Signé : BRUNO et CRÉMIEUX.

---

**N° 43.**                                               Paris, 9 Janvier 1868.

Monsieur Bruno,

Je ne puis laisser sans réponse les lettres que vous m'avez adressées à la
date du 26 Décembre et du 8 courant.

Vous n'avez pas répondu d'une manière *victorieuse* à mes reproches; vous
invoquez toute espèce de raisons, entr'autres: *de nouvelles modifications que
chaque jour voit naître*. Vous me rendriez service en me faisant connaître les
modifications apportées à la construction du bâtiment neuf et à la maison du
concierge, principalement, et qui ont pu causer le retard dont je me plains
avec juste raison.

Il paraît que vous n'avez plus présent à la mémoire l'engagement, que vous
avez pris le jour de l'adjudication, de terminer les bâtiments dont il a été question *au commencement d'octobre*.

Vous avez attendu six semaines l'évacuation des maisons du cloître ; c'était donc au 15 Novembre que l'achèvement de ces bâtiments aurait dû avoir lieu. Comme il n'aura pas lieu avant la fin de Février, ce sera au moins *un retard de 3 mois* que vous nous ferez éprouver.

Et vous avez la conscience d'être très-satisfaits de votre activité.

Je pourrais aussi vous rappeler tous les délais que vous avez mis au commencement des travaux, *la commande de la pierre surtout*, mais à quoi serviraient toutes ces récriminations? Je pourrais aussi rappeler les plans que vous aviez entre les mains et que *vous attendiez*, avez-vous dit à M. Mourier ; mais laissons tout cela de côté et terminez au plus tôt.

Profitez du dégel pour achever la couverture, qui n'aurait pas dû se faire attendre (car là non plus il n'y a pas eu de *modifications*), vitrer les fenêtres, faire les enduits en plâtre, puis poser les parquets, quand *l'humidité aura cessé* ; et malgré toute la célérité que vous pourrez apporter, vous ne rattraperez jamais les trois mois perdus.

Les difficultés dont vous me parlez pour le bardage et la pose des paliers des deux escaliers devaient être prévues par vous, quand vous avez commandé de si grands blocs ; je ne vous ai donné aucun ordre à ce sujet, d'autant plus qu'en prévision de paliers de petites dimensions, le devis porte des filets en fer pour les soutenir.

J'espérais que vous pourriez toucher au commencement de ce mois le certificat de 38,000 fr. 00, car à mon retour à Paris, vers le 10 Décembre, j'avais fait la demande de l'ordonnancement. Dans tous les cas, j'ai laissé à M. Benoist le soin de vous délivrer le certificat, quand il aura obtenu exécution de certains travaux que vous avez fait attendre.

Quant à la dépense à laquelle les travaux s'élèvent, je vous prie de me la *justifier au plus vite et d'une manière sérieuse*, car jusqu'à ce jour les situations que vous m'avez présentées n'ont aucune valeur pour moi.

Du reste, je vais demander un nouvel ordonnancement pour ne pas vous faire attendre un troisième certificat.

Recevez, Monsieur, mes salutations.

Signé : Ch. Laisné.

———

N° 44.                      Cluny, 10 Janvier 1868.

Je prie M. Ch. Benoist de vouloir bien faire prévenir le fumiste que les fouilles pour la construction des prises d'air du rez-de-chaussée (bâtiment neuf) seront terminées à midi, et qu'il pourra dès lors procéder à l'exécution des dites prises d'air, qu'il serait urgent de finir pour lundi, jour où les bitumiers reprendront leur travail.

Prière également de remettre au porteur les doubles des attachements N° 73-100, promis depuis hier.

Son tout dévoué serviteur<br>Signé : CRÉMIEUX.

---

**N° 45.**                                                    Cluny, 4 Février 1868.

Monsieur Bruno,

Samedi dernier je n'ai pas caché ma satisfaction à M. Crémieux, au sujet de l'activité apportée au déblaiement de l'escalier XIV<sup>e</sup> siècle ; mais ce n'est pas un motif suffisant pour m'engager à vous délivrer le certificat de 38,000 fr., que j'ai entre les mains depuis plus de six semaines, grâce à votre négligence.

Je consulte mes ordres de service, et je vois dans celui du *25 Septembre dernier* qu'il est question de l'établissement du cabinet d'aisances de la maison du concierge, et à cette heure il n'est pas fini.

L'escalier de cette maison, commencé depuis plus de deux mois, n'est pas non plus terminé, non plus que la loge, le parloir, la chambre sur la cour de service, etc...... Enfin, je ne vous dis que ceci : *je ne vous remettrai* votre certificat qu'à complète satisfaction, c'est-à-dire le jour que la maison du concierge sera *finie*, et que l'on *pourra* s'y installer ; c'est une affaire de deux ou trois jours, si vous voulez.

J'ai l'honneur de vous saluer.

Signé : Ch. BENOIST,<br>Inspecteur des travaux de l'Ecole de Cluny.

---

**N° 46.**                                                    Mâcon, 12 Février 1868.

Monsieur l'Architecte,

Dans votre dernière lettre du 10 Janvier, vous nous annonciez que, pour éviter tout retard dans le paiement des à-comptes afférents au mois de Janvier, vous aviez formulé une nouvelle demande de crédit.

Nous vous serions obligés de vouloir bien nous renseigner à ce sujet, et si nous pouvons espérer toucher un à-compte d'ici à peu de jours, conjointe-ment avec celui de 38,000 fr. 00, retenu par M. Benoist depuis la fin de Dé-cembre dernier.

Notre position financière est très-tendue, et nous serions placés dans l'im-possibilité de faire honneur à nos engagements, si cette retenue devait se prolonger.

Veuillez agréer, Monsieur l'Architecte, l'assurance de notre respec-tueux dévouement.

Signé : Bruno et Crémieux.

N° 47.                                                                    Mâcon, 28 Février 1868.

Monsieur l'Architecte,

M. Ch. Benoist nous ayant remis le 23 Février courant le certificat pour paiement d'un troisième à-compte, que vous avez bien voulu délivrer à la date du 11 Décembre dernier, nous nous sommes présentés à la caisse de l'Ecole pour toucher cette somme, dont la retenue nous a causé un sérieux préjudice.

Jugez, Monsieur l'Architecte, quel a été notre désappointement, lorsqu'on nous a répondu que ces fonds avaient reçu une autre destination.

Ainsi, après soixante-douze jours d'attente, nous ne pouvons aujourd'hui, alors que toute satisfaction a été donnée à la direction des travaux, nous ne pouvons, disons-nous, connaître l'époque à laquelle nous toucherons les sommes qui nous sont légitimement dues.

Nous vous prions instamment, Monsieur l'Architecte, d'user de votre in-fluence pour abréger ce retard très-onéreux pour nous et sans avantages pour l'administration.

M. Benoist nous a fait espérer que, sous peu, vous nous délivrerez un cer-tificat de quatrième à-compte.

Votre lettre du 10 Janvier renfermait la même promesse, et nous ne sau-rions trop vous prier de hâter cette remise, en même temps que le paiement du certificat que nous avons entre les mains.

Nous faisons appel à votre justice et à votre bienveillance pour nous per-mettre de faire honneur à nos engagements, ce qui deviendrait impossible, si de nouveaux retards sont apportés dans le paiement des sommes qui nous sont dues.

-. Nous vous prions de vouloir bien nous répondre par retour du courrier.

Recevez, Monsieur l'Architecte, l'assurance de notre respectueux, dévouement.

Signé: BRUNO et CRÉMIEUX.

---

N° 48.                                                    Mâcon, 11 Mars 1868.

Monsieur l'Architecte,

Nous venons vous confirmer notre lettre du 28 Février dernier, demeurée sans réponse de votre part.

Cette missive réclamant de votre bienveillance l'obtention d'un certificat pour paiement d'un quatrième à-compte, dont nous parlait votre lettre du 10 Janvier, et que M. Ch. Benoist nous avait promis pour la fin Février.

Nous vous demandions également d'user de votre influence auprès de l'Administration, pour obtenir que les fonds destinés à payer le certificat de 38,0000 fr. 00, qui nous a été remis le 23 Février, après soixante-douze jours de retard, soient rendus à leur destination primitive.

Privés de l'honneur d'une réponse, nous vous prions de nouveau, monsieur l'Architecte, de nous faire connaître, par retour du courrier, ce que pense faire l'Administration avec nous. Voici nos travaux achevés, ou peut s'en faut: il reste à terminer les dernières couches de peintures des escaliers et quelques ferrures; nous ne parlons pas des rampes, dont nous attendons le dessin, et de l'arrangement des tinettes, pour lequel M. Ch. Benoist nous a invités à attendre votre prochain voyage.

Aux termes du cahier des charges de l'entreprise, nous devons toucher, mensuellement des à-comptes jusqu'à concurrence des 5/6 du montant des travaux exécutés, et cette close n'est pas remplie, puisque jusqu'à ce jour nous n'avons pu toucher que 41,300 fr. sur l'ensemble des travaux.

Veuillez, Monsieur l'Architecte, nous renseigner à ce sujet, et nous faire délivrer au plus tôt le certificat pour paiement d'un quatrième à-compte, promis depuis le 10 Janvier, et les fonds du certificat du troisième à-compte impayé jusqu'à présent.

Notre position n'est plus tenable, et si des retards venaient encore reculer l'époque où nous devons toucher des fonds, nous nous verrions forcés d'élever une réclamation motivée, que nous soumettrions, par votre intermédiaire, à Son Excellence M. le Ministre de l'Instruction publique.

Veuillez agréer, Monsieur l'Architecte, l'assurance de notre respectueux dévouement.

Signé : BRUNO et CRÉMIEUX.

---

N° 49.                                    Paris, 15 Mars 1868.

Monsieur Bruno,

N'ayant pu rentrer assez à temps de voyage pour répondre à votre lettre du 11 courant, je vous ai envoyé une dépêche, qui a dû vous parvenir hier dans la matinée.

Je n'avais pas répondu à votre avant-dernière lettre, parceque j'avais chargé M. Benoist de vous communiquer les démarches que j'avais faites au Ministère, afin d'éviter qu'à l'avenir les fonds destinés à l'entreprise soient employés à solder d'autres dépenses, et pour vous faire solder sans retard le troisième certificat et le quatrième, montant à 25,700 fr.

Le retard que vous éprouvez dans le paiement de 38,000 fr. est imputable au peu d'empressement que vous avez mis à terminer certains travaux, surtout ceux de la maison du concierge. Votre négligence a donc été cause que le certificat a été retenu, et par contre que les fonds alloués ont reçu une autre destination.

Il y a plus de quinze jours qu'on m'a promis de faire solder ce certificat en retard et celui que j'ai délivré.

Je vous remettrai ce dernier dans le courant de cette semaine à Cluny — vendredi prochain.

Recevez mes civilités empressées.

Signé : Ch. LAISNÉ.

---

N° 50.                                    Mâcon, 16 Mars 1868.

Monsieur l'Architecte,

Nous avons reçu, à leur date respective, votre dépêche du 14 courant et votre lettre du 15, confirmative de la dite dépêche.

Nous vous remercions, Monsieur l'Architecte, de l'empressement avec lequel vous avez accueilli notre réclamation, et, comme vous, nous espérons que de nouveaux retards ne viendront pas prolonger les délais, fort pré-

7

judiciables pour nous, qu'éprouve le paiement des certificats qui nous sont dûs.

Sans entreprendre ici une justification *superflue*, nous croyons devoir observer, Monsieur, que notre *négligence* ne saurait motiver le non-paiement du certificat, après soixante-douze jours de retenue, et l'Administration devait nous payer le 23 Février dernier, puisque les travaux *prétendus* en retard étaient achevés.

Ce second délai de vingt à trente jours nous fait éprouver une perte sèche de 200 fr., laquelle n'a aucune raison d'être après la première retenue de soixante-douze jours, nous coutant déjà de 4 à 500 fr., et le tout pour faire achever des travaux de peinture et vitrerie commandés en dernier lieu et valant peut-être ensemble 1,000 fr. !.....

Nous serons à Cluny vendredi prochain, 20 courant, pour prendre vos instructions sur les quelques détails non terminés et ajournés jusqu'à votre visite.

Veuillez agréer, Monsieur l'Architecte, l'assurance de nos sentiments de respectueux dévouement.

Signé : BRUNO et CRÉMIEUX.

---

N° 51.                                                     Mâcon, 17 Mars 1868.

Monsieur le Directeur,

Nous avons reçu votre lettre du 14 courant, et nous vous prions d'agréer nos sincères remerciements pour l'empressement avec lequel vous avez bien voulu répondre à notre réclamation.

Veuillez agréer, Monsieur le Directeur, l'assurance de notre sincère respect.

Signé : BRUNO et CRÉMIEUX.

---

N° 52.                                                       Cluny, 31 Mars 1868.

Monsieur Bruno,

Je suis très-surpris de ne pas vous voir à Cluny, afin de faire terminer les petites choses qui restent à exécuter *et qui sont excessivement pressées*. Vous savez cependant que M. Laisné tient à ce que tout ce qui reste à faire soit fini avant mon départ, *c'est-à-dire d'ici à lundi prochain*.

En conséquence, je suis forcé de vous avertir que si demain, 1er Avril, on ne commence pas la pose des volets de l'amphithéâtre de physique, et si on ne change pas le battement des portes donnant dudit amphithéâtre sur le balcon, afin de pouvoir poser les serrures, j'écrirai à M. Laisné afin de lui faire connaître votre grande négligence, et alors il avisera à ce qu'il faut que je fasse.

J'ai l'honneur de vous saluer.

Signé : CH. BENOIST.

P. S. — Si, comme je l'espère, vous venez demain à Cluny, je vous prie alors de m'apporter un châssis à rideaux avec encadrement en cuivre pour une cheminée (moyen modèle).

---

**Nº 53.**  Mâcon, 31 Mars 1868.

Monsieur l'Inspecteur,

Nous recevons à l'instant, 4 heures 1/2 soir, votre lettre du jour.

Il nous est matériellement impossible d'aller à Cluny avant vendredi 3 courant; mais vous aurez ce soir même ou demain matin la visite de M. Sigonnet, notre menuisier, qui s'entendra avec vous pour la pose des volets et les feuillures des portes de l'amphithéâtre de physique.

Pour tous les autres détails, j'ai laissé au cimentier, au plâtrier, au peintre, l'ordre de prendre vos instructions et d'en finir cette semaine.

Si vous vouliez bien nous transmettre les dimensions exactes du châssis à rideau que vous nous demandez, nous vous l'adresserions demain.

Recevez, Monsieur, nos sincères salutations.

Signé : BRUNO et CRÉMIEUX.

Nous ferons tout notre possible pour être jeudi à Cluny.

---

**Nº 54.**  Cluny, 1er Avril 1868.

Monsieur Bruno,

J'ai défendu à votre ouvrier *de faire le replanissage du parquet des études du rez-de-chaussée, bâtiment neuf.*

Je compte vous voir *demain jeudi* sans faute, afin que vous puissiez faire finir tous les travaux avant mon départ.

J'ai causé avec votre menuisier, et j'espère qu'il va s'occuper activement des volets et du changement de battement des portes de la Physique. J'ai donné pour ces travaux jusqu'à dimanche prochain : lundi je ne recevrai plus rien.

Je vous salue.

Signé: Ch. Benoist.

Veuillez m'envoyer un rideau à châssis, modèle No 2, c'est-à-dire d'une dimension ordinaire.

---

**No 55.**                                                  Mâcon, 2 Avril 1868.

### Monsieur Ch. Benoist, Architecte,
**Inspecteur des travaux de l'Ecole de Cluny.**

Nous avons reçu hier soir à huit heures votre lettre du 1er Avril courant.

Nous vous répétons qu'il nous est impossible d'aller à Cluny avant samedi, 4 courant; des *raisons majeures* nous retiennent ici.

Veuillez donc, en notre absence, remettre au sieur Barbier, parqueteur, porteur du présent, une note constatant l'achèvement des ouvrages de parquet, sauf à y faire mention des mal façons, si vous en reconnaissez; cette pièce nous est indispensable pour régler avec cet ouvrier, et nous vous prions instamment de la lui remettre pour lui éviter des pertes de temps très-onéreuses.

M. Girié a dû laisser à un serrurier de Cluny les instructions nécessaires pour achever les quelques ferrures non terminées.

Samedi matin nous serons sur le chantier, que nous ne quitterons qu'après complet achèvement.

Agréez l'assurance de notre considération très-distinguée.

Signé: Bruno et Crémieux.

---

**No 56.**                                                  Cluny, 3 Avril 1868.

### Monsieur Bruno,

J'accepte l'exécution des parquets du dortoir d'angle de l'Ecole de Cluny.

Cluny, 1er Novembre 1867.

Signé: Ch. Benoist,
**Inspecteur.**

En outre, je reconnais, sauf quelques petites parties défectueuses, la complète exécution des parquets.

Cluny, 3 Avril 1868.

Signé : Ch. BENOIST.

---

**N° 57.**                                                 Cluny, 6 Avril 1868.

Monsieur Bruno,

Vous me mettez dans une position excessivement désagréable avec votre négligence. Vous me forcez à rester à Cluny toute cette semaine, puisque vos travaux ne se finissent point. Je viens donc vous avertir une dernière fois que je suis décidé, si je ne vous vois pas demain, à faire finir par d'autres entrepreneurs ce qui nous reste à exécuter.

J'ai l'honneur de vous saluer.

Signé : CH. BENOIST,
Inspecteur des travaux de l'École de Cluny.

---

**N° 58.**                                                  Paris, 16 Avril 1868.

Monsieur Bruno,

Les petits travaux qui restaient à exécuter, lors de mon dernier passage à Cluny, n'ont pas été encore exécutés pour la plupart. M. Benoist vous a écrit pour vous les rappeler, et vous n'avez pas donné signe de vie.

Je me trouverai encore forcé de retenir le dernier certificat, tant que vous ne vous exécuterez pas.

Il paraît que les vis des crémones des dortoirs n'ont pas la longueur nécessaire, car les crémones se détachent ; je vous prie de les réparer le plus tôt possible, car les élèves doivent occuper les dortoirs très-prochainement.

M. Benoist sera lundi matin à Cluny, pour s'assurer si les ordres que je vous rappelle ont été exécutés.

Recevez mes salutations.

Signé : CH. LAISNÉ.

---

**N° 59.**                                                 Mâcon, 22 Avril 1868.

Monsieur l'Inspecteur,

Votre lettre d'hier ne nous est parvenue que ce matin, à 9 heures, trop tard par conséquent pour aller à Cluny du matin.

Nous partirons demain, jeudi, et nous serons à Cluny à 8 heures du matin au plus tard, afin de pouvoir consacrer une journée entière à la visite des travaux et aux vérifications d'attachements ajournés jusqu'à ce jour.

Nous avons l'honneur de vous saluer.

Signé : BRUNO et CRÉMIEUX.

---

**N° 60.**                                                    Mâcon, 24 Avril 1868.

Monsieur le Directeur,

Nous avons l'honneur de vous donner avis que, dans la journée d'hier, 24 courant, nous avons procédé de concert avec M. Ch. Benoist, Architecte, Inspecteur des travaux de l'Ecole, à la visite générale de tous les ouvrages exécutés par nous dans cet édifice.

Nous avons dressé un état détaillé des légères réparations ou raccords restant à faire, et nous avons immédiatement pris les mesures nécessaires pour effectuer rapidement ces ouvrages, fort peu importants du reste, et qui n'empêchent pas d'habiter les nouveaux dortoirs ou bâtiments restaurés.

Nous vous prions en conséquence de nous réserver, pour les premiers jours de la semaine prochaine, les fonds destinés à payer notre quatrième certificat, et qui sont actuellement entre les mains de M. l'Econome de l'Ecole.

M. Ch. Benoist vous rendra compte du reste de cette visite, laquelle a prouvé que tous les ouvrages exécutés par nous étaient en bon état et solidement faits, sauf quelques retouches de peinture, menuiserie et serrurerie, inévitables à la fin d'un aussi grand travail.

L'administration conservant pendant un an, et à titre de garantie, un sixième de la valeur des ouvrages exécutés, la retenue des à-comptes qui nous sont légitimement dûs serait évidemment injuste et ruineuse pour nous, sans aucun avantage pour l'Ecole.

Nous vous prions d'agréer, Monsieur le Directeur, l'assurance de notre profond respect.

Signé : BRUNO et CRÉMIEUX.

---

**N° 61.**                                                    Mâcon, 24 Avril 1868.

Monsieur l'Architecte,

Conformément à l'avis contenu dans votre lettre du 16 Avril courant, nous nous sommes rendus à Cluny le lundi 20; n'ayant pas réussi à rencontrer M. Ch. Benoist, nous avons pris rendez-vous pour hier, 24, et nous avons procédé ensemble à une visite des travaux exécutés sous nos ordres ; nous avons constaté différentes réparations, *fort légères du reste*, et nous avons dressé du tout un état détaillé, dont une expédition, signée par nous, est restée entre les mains de M. Ch. Benoist, Inspecteur des travaux.

Nous avons immédiatement pris les mesures nécessaires pour que les dites réparations et raccords s'effectuent rapidement, et à cet effet nous avons donné par écrit, à divers ouvriers de la localité, l'ordre de se mettre à la disposition de M. Benoist.

Nous avons également confirmé *par écrit* à M. Benoist les promesses verbales faites hier par notre sieur Crémieux, en l'autorisant à faire exécuter d'office ces légers travaux dans le cas, peu probable, où les personnes que nous en avons chargées n'y apporteraient pas la célérité voulue.

Deux articles seulement demanderont un délai plus long ; il ne s'agit plus de la mise en bon état des ouvrages faits, mais bien d'ouvrages nouveaux commandés *hier seulement.*

Nous voulons parler du filet fer à placer sous le deuxième palier de l'escalier XIVe siècle et de l'enduit de la façade au-dessus du portail d'entrée.

Nous expliquons à M. Ch. Benoist, qui vous en rendra compte, les délais réclamés pour ces deux ouvrages.

Recevez, Monsieur l'Architecte, l'assurance de notre respectueux dévouement.

Signé : Bruno et Crémieux.

P. S. — Tous les nouveaux dortoirs sont habités depuis huit jours au moins. Il y a environ quinze ou vingt crémones dont il faut changer les vis. Tous les gros ouvrages sont en bon état d'entretien.

---

N° 62.                                              Mâcon, 24 Avril 1868.

Monsieur l'Inspecteur,

Conformément aux promesses qui vous ont été faites hier à Cluny par notre sieur Crémieux, nous venons vous donner avis des dispositions que nous avons prises pour effectuer rapidement les quelques détails signalés au procès-verbal de réception, ou état des travaux dressé contradictoirement avec vous, et dont une copie est en votre possession.

Par le même courrier que la présente, nous transmettons à MM.

Henry, menuisier, Philibert, cimentier, Francis, peintre, sous-traitant de Granges, les ordres nécessaires pour qu'ils puissent immédiatement mettre la main à l'œuvre, et achever, d'ici à lundi, les plus urgentes réparations.

Nous leur enjoignons de vous prévenir de ces dispositions et de prendre vos ordres pour tous les détails consignés à l'état dressé hier. Ils sont possesseurs chacun d'une lettre renfermant toutes instructions et autorisations nécessaires.

Nous vous serions reconnaissants, Monsieur, si vous vouliez bien tenir la main à l'exécution de ces ouvrages, car nous prévoyons l'impossibilité d'aller à Cluny avant le courant de la semaine prochaine, et nous serions cependant bien aise de voir tout terminer à bref délai.

Quant au filet en fer I, destiné à supporter le deuxième palier de l'escalier XIVe siècle, la commande en est faite depuis hier soir, et nous le recevrons dans dix ou douze jours au plus tard.

Notre entrepreneur d'enduits ne peut pas s'engager à faire la façade avant le 4 ou le 5 Mai prochain, car il est obligé de finir un chantier ici avant cette époque.

Du reste, nos deux articles, commandés seulement hier, peuvent, sans inconvénients, être exécutés dans quinze jours; ce sont des travaux extérieurs ne gênant en rien l'habitation.

Nous donnons avis de ces dispositions, prises d'un commun accord avec vous, à M. Laisné et au Directeur de l'Ecole.

Recevez, Monsieur, l'assurance de notre considération très-distinguée.

Signé: BRUNO et CRÉMIEUX.

N° 63. Mâcon, 28 Avril 1868.

Monsieur l'Inspecteur,

Nous avons l'honneur de vous confirmer notre lettre du 24 courant, et nous espérons que les divers entrepreneurs, auxquels nous avons transmis les ordres nécessaires, ont effectué ou effectuent en ce moment les différents ouvrages dont vous réclamez l'exécution.

Le filet à T pour l'escalier XIVe siècle sera à Cluny le 10 Mai prochain, et nous le ferons poser dès son arrivée.

Les enduits de la façade commenceront le 5 et le 6 Mai; c'est l'affaire de trois jours environ.

Comme nous ne pouvons aller à Cluny avant samedi, 4 Mai, nous vous prions, Monsieur, de vouloir bien nous écrire au cas ou nos sous-traitants n'auraient pas exécuté les ordres qui leur ont été transmis.

Nous avons l'honneur de vous saluer.

Signé : Bruno et Crémieux.

---

N° 64.                                                          Mâcon, 3 Mai 1868.

Monsieur l'Inspecteur,

Privés d'une réponse à notre dernière lettre du 28 Avril dernier, nous en concluons que les différents ouvrages, dont elle vous entretenait, s'exécutent à votre entière satisfaction.

Les enduits de la façade, au-dessus du portail, seront en chantier mercredi 6 courant. Notre sieur Crémieux sera le 5 Mai à Cluny, pour y conduire les ouvriers et s'assurer que tout marche bien.

Le filet pour l'escalier XIVe siècle est parti de Lyon le 1er courant, et sera au plus tard à Cluny le 7 ou le 8.

Veuillez nous dire, par retour du courrier, si notre présence est nécessaire à Cluny avant le 5 courant.

Nous avons l'honneur de vous saluer.

Signé: Bruno et Crémieux

---

N° 65.                                                          Cluny, 4 Mai 1868.

Monsieur Bruno,

Les différents petits travaux, dont j'ai fait une liste avec M. Crémieux, s'exécutent à peu près à ma satisfaction. Je regrette une seule chose, c'est de ne pas avoir pu trouver les volets pour le cabinet de physique, ce qui m'a obligé d'en commander d'autres à M. Henry.

Notre entrepreneur de peinture n'a pas tout-à-fait fini, mais j'espère qu'à la fin de la semaine tout sera terminé.

J'ai vu l'ouvrier que vous avez chargé de l'enduit de la façade d'entrée, et je compte bien, d'après sa promesse et la vôtre, voir commencer son travail mercredi prochain.

J'ai l'honneur de vous saluer.

Signé : Ch. Benoist,
Inspecteur des travaux.

8

N° 66.                                                Mâcon, 5 Mai 1868.

        Monsieur l'Inspecteur,

Nous recevons votre lettre d'hier, et nous vous prions d'agréer nos bien sincères remerciements pour l'obligeance avec laquelle vous avez bien voulu nous renseigner sur la marche des derniers ouvrages à faire sur le chantier de Cluny.

Demain, nous chargeons sur une voiture en destination de Cluny :

1° Le matériel nécessaire au fabricant d'enduits ;

2° Le filet pour l'escalier XIV<sup>e</sup> siècle.

Notre sieur Crémieux aura l'honneur de vous voir à Cluny demain soir ou jeudi, 7 courant, sans manquer.

Veuillez tenir à sa disposition, pour ce jour, les derniers attachements vérifiés et le carnet des pesées de fer.

    Agréez, Monsieur, l'assurance de notre considération distinguée.

Signé : BRUNO et CRÉMIEUX.

---

N° 67.                                                Mâcon, 6 Mai 1868.

    A Monsieur l'Econome de l'Ecole Normale spéciale de Cluny.

    Monsieur l'Econome,

Dans le courant des mois de Décembre, Janvier et Février derniers, nous avons, sur la demande de M. J. M. Michaudon, livré, pour les ouvrages exécutés au laboratoire de chimie, des briques tubulaires et autres ; ignorant si vous avez connaissance de ces faits, nous vous en donnons avis, en vous priant de nous dire s'il faut vous adresser le compte de ces diverses fournitures.

Nous avons, par écrit, renouvelé à M. Ch. Benoist, Inspecteur des travaux, l'autorisation de faire terminer d'urgence les quelques ouvrages de peinture restant inachevés : nous ne voyons par conséquent plus aucune raison de retenir les fonds destinés à nous payer un quatrième à-compte de 25,500 fr.

En effet, l'administration retient toujours entre ses mains le 1/6 de garantie, qui, ajouté au cautionnement, est dix fois suffisant pour couvrir toutes les réparations qui pourraient survenir, et à *fortiori* des ouvrages de peinture aussi peu importants que ceux dont il s'agit.

Veuillez donc, Monsieur, tenir ces fonds à notre disposition, et vous concerter avec M. Ch. Benoist pour faire lever le retard mis sur ce paiement.

Recevez l'assurance de notre considération très-distinguée.

Signé : BRUNO et CRÉMIEUX.

---

N° 68. Mâcon, 8 Mai 1868.

Monsieur l'Architecte,

Nous vous confirmons, dans tout son contenu, notre lettre du 24 Avril dernier, restée sans réponse de votre part.

Dans une visite du chantier de Cluny, faite hier avec M. Ch. Benoist, nous avons constaté l'achèvement de tous les travaux, sauf l'application de la dernière couche de peinture dans les classes du rez-de-chaussée.

Pour sortir d'un état de choses qui menace de se prolonger indéfiniment, nous avons prié, par écrit, M. Ch. Benoist de faire exécuter d'urgence, et avant dimanche soir, 10 Mai courant, tous les menus détails négligés par le peintre.

Veuillez en conséquence, Monsieur l'Architecte, nous faire délivrer immédiatement les fonds du quatrième certificat de paiement, indûment retenus jusqu'à ce jour, puisque dès le 24 Avril nous invitions M. Benoist à faire procéder à l'exécution des ouvrages signalés comme en retard.

Nous vous prions d'agréer, Monsieur, l'assurance de notre considération très-distinguée. Signé : BRUNO et CRÉMIEUX.

---

N° 69. Mâcon, 8 Mai 1868.

Monsieur l'Inspecteur,

Nous venons vous donner avis que dimanche matin, 10 courant, notre contre-maître Durat sera sur le chantier de Cluny, pour effectuer la pose du filet fer I de l'escalier XIVe siècle, deuxième étage.

Veuillez, conformément à la promesse verbale faite hier à notre sieur Crémieux, faire terminer, d'ici à lundi, toutes les peintures et nettoyages restant à faire ; nous vous autorisons pleinement à employer d'autres ouvriers, si ceux actuels ne sont pas suffisants.

Nous aurons l'honneur de vous voir à Cluny le 20 courant.

Deux mots dimanche, S. V. P., sur la marche des travaux à terminer.

Agréez l'assurance de notre considération très-distinguée.

Signé : BRUNO et CRÉMIEUX.

**N° 70.**                                            11 Mai 1868.

Monsieur Bruno,

Les peintures avancent, et, comme l'entrepreneur a promis à M. Crémieux, je crois que tout sera fini jeudi prochain. Je vous préviendrai aussitôt que tout sera terminé.

J'ai l'honneur de vous saluer.

Signé: CH. BENOIST.

Durat a très-bien posé le filet en fer, et vos enduiseurs vont bien.

---

**N° 71.**                                            Mâcon, 15 Mai 1868.

Monsieur l'Econome,

Nous vous confirmons notre lettre du 8 courant, demeurée sans réponse de votre part.

Veuillez nous répondre au plus tôt en ce qui concerne la livraison de briques faites à l'Ecole de Cluny, sur la réquisition de M. J. M. Michaudon, car nous ignorons à quel titre ce Monsieur les a faites, et nous n'avons aucune envie d'entrer en relations avec lui.

De plus, nous avons l'honneur de vous prévenir que, dès le 8 Mai, nous avons confirmé à M. Benoist l'autorisation, déjà donnée le 24 Avril, de faire terminer d'urgence, et à nos frais, les insignifiants travaux de peinture non achevés; il nous est impossible de tolérer plus longtemps la retenue du paiement de 25,700 fr., dont vous possédez les fonds depuis longtemps.

Nous vous invitons, en conséquence, à vouloir bien verser immédiatement les fonds dont s'agit ès-mains de M. le Trésorier-payeur général à Mâcon, chargé de les encaisser pour notre compte.

Veuillez agréer, Monsieur, l'assurance de notre considération très-distinguée.

Signé: BRUNO et CRÉMIEUX.

---

**N° 72.**                                            Mâcon, 15 Mai 1868.

Monsieur le Directeur,

Nous vous confirmons, dans tout son contenu, notre lettre du 24 Avril dernier, demeurée sans réponse de votre part.

Dans une visite faite à Cluny le 7 courant, nous avons constaté, en présence de M. Ch. Benoist, l'achèvement complet des ouvrages mentionnés au procès-verbal de réception provisoire, dressé le 23 Avril.

Il restait à terminer la dernière couche de peinture et, pour éviter tous nouveaux retards, nous avons, le 8 Mai, donné par écrit, et en termes très-formels, à M. Ch. Benoist, l'autorisation de faire terminer d'urgence, et avant le 11 courant, les peintures et nettoyages non achevés, et même d'y employer d'autres ouvriers, si ceux actuellement en chantier n'étaient pas suffisants.

Depuis cette époque, nous avons fait exécuter deux articles de travaux commandés seulement le 23 Avril, et pour lesquels on nous avait accordé jusqu'au 12 Mai.

Nous avions, dès le 24 Avril, pris toutes les mesures nécessaires pour en finir et, par nos lettres des 24 Avril, 5 et 8 Mai courant, nous vous répétons que M. Benoist était pleinement autorisé à faire finir d'urgence, et à nos frais, les quelques détails mentionnés dans notre précédente missive du 24 Avril.

Nous ne voyons donc plus aucun prétexte valable pour retarder plus longtemps le paiement du certificat du quatrième à-compte de 25,700 fr., dont les fonds sont depuis longtemps à la caisse de votre Ecole.

Nous vous prions en conséquence, Monsieur le Directeur, de vouloir bien faire verser immédiatement ces fonds ès-mains de M. le Trésorier-payeur général du Département, chargé du recouvrement de nos certificats.

Veuillez agréer l'assurance de notre respectueux dévouement.

Signé : BRUNO et CRÉMIEUX.

---

Nº 73.                                                   Mâcon, 16 Mai 1868.

Monsieur l'Inspecteur,

Durat nous a remis votre billet en date du 11 courant, par lequel vous nous donnez avis que très-probablement les peintures seront finies le jeudi 14 courant.

Par nos lettres des 24 Avril, 5 et 8 Mai, nous vous avons donné tous pouvoirs pour faire terminer d'urgence, et par n'importe quels ouvriers, les ouvrages inachevés le 6 Mai courant. Par conséquent, rien ne doit plus retarder cet achèvement, sinon des causes indépendantes de notre volonté.

Nous vous prions, en raison de cette circonstance, et puisque de votre aveu tout doit être terminé depuis jeudi 14 courant, de vouloir bien nous faire payer notre quatrième à-compte, retenu jusqu'à ce jour sans motifs sérieux.

Nous écrivons dans le même sens à M. l'Econome de l'Ecole et à M. le Directeur.

Recevez l'assurance de notre considération très-distinguée.

> Signé: Bruno et Crémieux.

---

**N° 74.**  Mâcon, 16 Mai 1868.

Monsieur l'Architecte,

Nous vous confirmons nos lettres des 24 Avril et 8 Mai derniers.

Veuillez, par retour du courrier, nous donner réponse à chacune d'elles, et nous faire connaître quels motifs peuvent encore empêcher le paiement du quatrième à-compte de 25,700 fr.

Recevez, Monsieur, l'assurance de notre considération très-distinguée.

> Signé: Bruno et Crémieux.

---

**N° 75.**  Paris, 18 Mai 1868.

Monsieur Bruno,

Les travaux qui restaient à exécuter sur votre entreprise, étant en partie achevés, j'ai donné ordre à M. Benoist de vous faire solder; veuillez donc réclamer le certificat que je vous ai délivré, montant à 25,700 fr.

Recevez, Monsieur, mes civilités.

> Signé: Ch. Laisné.

---

**N° 76.**  Mâcon, 22 Mai 1868.

Monsieur le Directeur,

Nous avons reçu votre lettre du 18 courant, et le même jour M. l'Econome effectuait le paiement du certificat réclamé par notre lettre du 15 courant.

M. Ch. Benoist ayant parlé à notre sieur Crémieux, le 20 Mai courant, de différentes réparations que l'Administration désire faire exécuter par notre intermédiaire, nous vous prions, Monsieur le Directeur, de vouloir bien nous faire connaître sur quelle base ces ouvrages seront réglés, car tout ce qui concerne notre entreprise étant achevé, sauf les premiers dortoirs que nous devons terminer aux vacances, il nous est impossible d'effectuer à nos frais les réparations à survenir et provenant de causes étrangères à la nature de nos travaux.

Nous vous présentons, Monsieur le Directeur, nos sentiments de considération très-distinguée.

Signé : BRUNO et CRÉMIEUX.

---

N° 77.                                                              Mâcon, 21 Mai 1868.

Monsieur l'Inspecteur,

Nous avons l'honneur de vous donner avis que, par notre lettre en date de ce jour, nous autorisons le sieur Debiat, plâtrier à Cluny, à effectuer quelques raccords de plâtrerie et de peintures, qui restent à faire dans les escaliers de l'Ecole; mais nous ne pouvons, à moins d'ordres précis, nous engager à réparer les dégradations que peuvent faire les menuisiers et autres ouvriers travaillant encore dans les bâtiments.

Veuillez ne pas oublier les attachements dont nous avons un pressant besoin pour la rédaction de nos mémoires.

Recevez nos salutations empressées.

Signé: BRUNO et CRÉMIEUX.

---

N° 78.                                                              Mâcon, 22 Mai 1868.

Monsieur l'Architecte,

Nous avons reçu votre lettre du 18 courant.

Il nous est impossible de laisser sans réponse la première partie de cette missive, dans laquelle vous dites que les travaux qui restent à exécuter sur notre entreprise *sont en partie* achevés, attendu que, non seulement les susdits travaux sont tous terminés, mais encore que nous avons terminé, depuis le 10 Mai, différents ouvrages commandés seulement le 23 Avril dernier.

Si les peintures ne sont pas complètement finies, nous ne pouvons en être responsables, puisque dans trois lettres, datées des 24 Avril, 5 et 8 Mai, nous avons donné pouvoir à M. Ch. Benoist de les faire achever d'urgence.

Les menuisiers travaillent encore à la pose du mobilier; nous ne pouvons évidemment être tenus de réparer à nos frais les dégradations qu'entraîne nécessairement leur besogne.

Nous vous prions en conséquence de vouloir bien nous faire connaître sur quelles bases nous seront réglés les raccords de plâtrerie ou peintures motivés par ces dégradations, dans le cas où l'Administration jugerait à propos de les faire exécuter sous notre direction.

A défaut d'instructions *très-précises* à ce sujet, nous nous bornerons à retoucher quelques points défectueux des peintures des escaliers, en même temps que nous ferons finir le premier dortoir, travail ajourné d'un commun accord à l'époque des vacances.

Recevez, Monsieur, l'assurance de notre respectueux dévouement.

Signé : BRUNO et CRÉMIEUX.

---

**N° 79.**                                            Mâcon, 27 Mai 1868.

Monsieur l'Inspecteur,

Nous attendons toujours les attachements que vous avez promis d'envoyer jeudi, 21 courant, à notre sieur Crémieux.

Veuillez être assez bon pour nous les faire parvenir au plus tôt, et en même temps nous dire si M. Laisné ne sera à Cluny que le 30 courant, ou s'il prolonge son séjour plus longtemps.

Recevez, Monsieur, l'assurance de notre considération très distinguée.             Signé : BRUNO et CRÉMIEUX.

---

**N° 80.**                                            Mâcon, 13 Juin 1868.

Monsieur l'Inspecteur,

Nous vous prions instamment de nous adresser au plus tôt notre *livre de pesées de fer*, que nous attendons depuis samedi dernier, 6 courant.

Ce carnet nous est indispensable pour préparer notre mémoire de serrurerie, auquel nous travaillons en ce moment.

Veuillez donc nous le faire tenir par retour du courrier.

Agréez, Monsieur, l'assurance de notre considération distinguée.

Signé : BRUNO et CRÉMIEUX.

---

**N° 81.**                                            Mâcon, 30 Juin 1868.

Monsieur l'Inspecteur,

Nous prenons la liberté de vous rappeler que vous avez promis à notre sieur Crémieux de venir dans notre bureau, à Mâcon, à l'époque prochaine de votre départ pour Paris.

Nous vous serions obligés, si vous vouliez bien nous aviser, la veille au moins, de votre passage, afin que nous tenions à votre disposition les derniers attachements soumis à votre acceptation.

Recevez, Monsieur, l'assurance de notre considération.

Signé: BRUNO et CRÉMIEUX.

---

**N° 82.**                                                           Mâcon, 30 Juin 1868.

Monsieur l'Architecte,

Nous vous confirmons notre lettre du 22 Mai dernier, demeurée sans réponse de votre part.

M. Ch. Benoist a dû vous instruire de l'achèvement complet de tous nos travaux depuis cette époque, ce dont vous avez pu vous convaincre du reste dans votre visite à Cluny les 31 Mai et 1er Juin derniers.

Nous vous prions instamment, Monsieur l'Architecte, de vouloir bien nous faire délivrer le plus tôt possible un certificat pour paiement d'un cinquième à-compte de 30 à 35.000 fr.

Cette somme nous est indispensable pour faire face aux engagements financiers que nous avons contractés pour les travaux de Cluny.

Nous comptons sur votre bienveillante intervention pour nous faire toucher cette somme à bref délai.

Nous vous prévenons également que nos mémoires sont à peu près terminés, et nous vous prions de nous fixer l'époque prochaine où vous pourrez en fixer la vérification.

M. Ch. Benoist nous a fait part du désir manifesté par M. de Jussieu, votre client, qui serait désireux de faire continuer les travaux de construction de son château de Brancion; nous nous chargerions volontiers de cette affaire, soit sur série de prix, soit à forfait, après étude préalable des plans, que vous voudriez bien nous communiquer en temps opportun.

Veuillez donc, Monsieur, nous honorer d'une réponse par retour du courrier et nous dire s'il convient d'écrire directement à M. de Jussieu.

N'oubliez pas non plus notre certificat, dont nous avons un pressant besoin.

Recevez l'assurance de notre respectueux dévouement.

Signé: BRUNO et CRÉMIEUX.

---

**N° 83.**                                           4 Juillet 1868.

Monsieur Bruno,

Je passerai à votre bureau lundi prochain, entre 6 et 7 heures du soir ; veuillez vous y trouver.

J'ai l'honneur de vous saluer.

Signé : Ch. Benoist.

Vous préparerez les attachements, afin que je puisse les emporter à Paris.

---

**N° 84.**                                           Mâcon, 6 Juillet 1868.

Monsieur l'Architecte,

Nous vous confirmons notre lettre du 30 juin, demeurée sans réponse de votre part.

Veuillez, Monsieur, nous dire, par retour du courrier, si nous pouvons compter sur la prochaine délivrance d'un certificat de 30 à 35,000 fr.; nous en avons un pressant besoin, et nous sommes très-surpris que, depuis le mois d'Avril dernier, on ne nous ait point fait payer d'à-comptes nouveaux.

Nos travaux sont cependant terminés depuis longtemps et les à-comptes payés n'atteignent pas le chiffre des dépenses effectuées.

Nous remettons aujourd'hui même à M. Ch. Benoist les derniers attachements vérifiés.

Nous vous renouvelons notre demande de réponse par retour du courrier.

Agréez, Monsieur, l'assurance de notre respectueux dévouement.

Signé : Bruno et Crémieux.

---

**N° 85.**                                           Mâcon, 13 Juillet 1868.

Monsieur l'Architecte,

Privés de réponse aux deux lettres que nous avons eu l'honneur de vous écrire les 30 Juin dernier et 6 courant, nous venons insister de nouveau pour l'obtention d'un certificat pour paiement d'un cinquième à-compte s'élevant au moins à 35,000 fr.

Cette somme nous est indispensable, et de plus longs délais dans son versement nous causeraient un grave préjudice ; nous comptons, Monsieur l'Architecte, sur votre bienveillance habituelle pour activer l'expédition de ce paiement.

Nous vous rappelons aussi que nos mémoires de maçonnerie, charpente, plâtrerie, menuiserie, sont prêts à vérifier, et ceux de couverture, peinture et serrurerie seront terminés sous peu.

Nous vous prions en conséquence de vouloir bien nous fixer la date *très-prochaine* d'un rendez-vous à Cluny pour commencer la vérification.

Nous vous prions également de nous répondre par retour du courrier.

Recevez, Monsieur l'Architecte, l'assurance de notre considération très-distinguée.

Signé : BRUNO et CRÉMIEUX.

---

N° 86.　　　　　　　　　　　　　　　　Paris, 15 Juillet 1868.

Monsieur Bruno,

M. Benoist, en mon absence, a repondu à la première demande de votre lettre ; quant à la seconde, je ne puis vous préciser l'époque de mon voyage à Cluny, mais il aura lieu dans le courant du mois d'Août.

Recevez mes salutations.

Signé : CH. LAISNÉ.

---

N° 87.　　　　　　　　　　　　　　　　Mâcon, 16 Juillet 1868.

Monsieur l'Architecte,

Nous avons reçu ce matin votre lettre du 15 courant ; vous nous dites avoir chargé M. Benoist de répondre à nos deux premières lettres, et cependant nous n'avons rien reçu.

Nous avons même vu M. Benoist le 6 Juillet, à Mâcon, mais il ne nous a rien dit au sujet des demandes que renfermaient nos deux missives précitées.

Veuillez, Monsieur, suppléer à ce silence et nous faire parvenir au plus tôt le certificat pour paiement d'un sixième à-compte déjà réclamé.

Nous serions bien aises également de voir commencer sans délai la vérification de nos mémoires, car toutes ces lenteurs nous causent des préjudices graves. Vous n'ignorez pas, Monsieur l'Architecte, que les travaux exécutés par nous s'élèvent à un chiffre bien supérieur à celui des à-comptes reçus jusqu'à présent ; cependant tous nos fournisseurs et sous-traitants sont soldés depuis longtemps, et nous voudrions aussi nous couvrir d'une partie des avances énormes que nous avons faites, et dont les intérêts pèsent lourdement sur nous.

Nous vous prions donc de nouveau de n'apporter aucun retard dans l'expédition du certificat réclamé, car nous avons un pressant besoin d'argent. Recevez, Monsieur, l'assurance de notre considération très-distinguée.

Signé : BRUNO et CRÉMIEUX.

---

**N° 88.** Paris, 20 Juillet 1868.

Monsieur Bruno,

Il est complètement impossible, malgré le plaisir que mon oncle éprouverait à vous délivrer un certificat, de le faire; il faut maintenant que le compte soit réglé. Mon oncle pense que vous pourriez adresser une demande à M. le Ministre, afin que le cautionnement fourni pour l'adjudication vous soit remboursé. Il est probable que l'on ne fera pas d'objections au Ministère, puisqu'il y a des travaux supplémentaires.

J'ai bien l'honneur de vous saluer.

Signé : CH. BENOIST.

P. S. — Si votre mémoire est fini, envoyez-le.

---

**N° 89.** Mâcon, 21 Juillet 1868.

Monsieur l'Architecte,

Nous recevons votre lettre du 20 courant.

Il nous paraît difficile d'admettre l'impossibilité d'obtenir un cinquième à-compte sur les travaux de Cluny; les à-comptes payés sont loin d'atteindre le montant des deux devis approuvés, et puisqu'en outre il y a des travaux supplémentaires, aucune règle de comptabilité ne s'oppose à effectuer les paiements jusqu'à concurrence du montant des devis.

Ce n'est que lorsqu'il faut excéder ce chiffre, que la présentation du règlement est nécessaire.

Nous persistons donc à demander un nouvel à-compte de 40,000 fr. et nous adressons dans ce sens une réclamation à M. le Ministre de l'Instruction publique.

L'affaire de Cluny deviendrait désastreuse pour nous, s'il fallait attendre encore le paiement de cet à-compte, qui ne représente du reste qu'une portion de ce qui nous est légitimement dû.

Nos mémoires de maçonnerie, charpente, menuiserie, plâtrerie et peintures sont terminés; il reste à compléter la couverture et la serrurerie, ce qui sera fait dans huit jours.

Nous croyons qu'il est inutile de vous les envoyer à Paris, et nous préférons vous les remettre à Cluny, lors de la vérification.

Veuillez nous fixer sur l'époque choisie pour ce travail, que nous ne serions pas fachés de voir commencer à bref délai.

Agréez, Monsieur l'Architecte, l'assurance de notre considération très-distinguée.

Signé : BRUNO et CRÉMIEUX.

---

**N° 90.** Mâcon, 21 Juillet 1868.

A Son Excellence, Monsieur le Ministre de l'Instruction Publique.

Monsieur le Ministre,

Nous prenons la liberté d'appeler l'attention de Votre Excellence sur les faits suivants, relatifs aux derniers travaux exécutés à l'Ecole de Cluny.

A la suite d'une adjudication, tranchée le 6 Juillet 1867 au profit de M. S. Bruno, l'un de nous, nous fûmes chargés de l'exécution d'importants travaux de construction et de restauration dans les bâtiments de la dite Ecole.

Outre les ouvrages compris au devis servant de base à l'adjudication du 6 Juillet 1867, on nous confia également l'exécution de ceux portés sur un devis supplémentaire, dressé par M. Laisné, architecte du Gouvernement, et approuvé par Votre Excellence dans le courant du mois d'Août suivant ; plus, nous avons fait tous les travaux complémentaires, conséquence de ceux prévus et inévitables dans une restauration de ce genre.

Aux termes du cahier des charges de l'entreprise, nous devions toucher mensuellement des à-comptes s'élevant aux 5/6 du montant des ouvrages effectués; cette clause n'a pas été strictement remplie, puisque dans l'espace de onze mois, compris entre le 31 Juillet 1867 et ce jour, nous n'avons perçu que quatre à-comptes, savoir : les uns en Décembre 1867, et les deux derniers en Avril et Mai 1868.

Il est résulté de ce mode défectueux de paiement un préjudice sérieux pour nous, car nous avons eu à supporter, pendant plusieurs mois, de lourds intérêts pour les capitaux engagés dans ces travaux, ce qui n'aurait pas eu lieu si les clauses du cahier des charges avaient été remplies.

Depuis le 12 Avril dernier, nos travaux sont complètement achevés, et le 23 du même mois la réception provisoire en a été faite.

Nous avons demandé à M. Laisné, Architecte, la délivrance d'un certificat de cinquième à-compte de 40,000 fr. au moins, somme qui nous est indispensable pour faire honneur à nos engagements financiers.

M. Laisné nous répond qu'il est impossible d'obtenir ce paiement avant règlement définitif des travaux, et le travail de vérification peut durer quelques mois, et tout nouveau retard dans les paiements serait désastreux pour nous.

C'est dans ce but que nous venons solliciter Votre Excellence de vouloir bien nous faire toucher la somme réclamée plus haut. Les ouvrages compris aux deux devis approuvés, depassent considérablement le montant des à-comptes déjà payés ; l'administration conservera donc toujours par devers elle une somme plus que suffisante comme garantie, sans parler de notre cautionnement et du montant des ouvrages exécutés en sus des devis.

Persuadés que Votre Excellence accueillera notre requête avec sa bienveillance habituelle, nous la prions instamment d'y faire droit et de nous faire connaître, dans le plus bref délai possible, sa décision à ce sujet.

Il s'agit pour nous d'une question de vie ou de mort : si de nouveaux retards étaient apportés dans le paiement que nous sollicitons, nous serions placés dans un grand embarras.

Veuillez agréer, Monsieur le Ministre, l'assurance de notre sincère respect.

Signé : BRUNO et CRÉMIEUX.

---

**N° 91.**                                           Mâcon, 28 Juillet 1868.

Monsieur le Ministre,

Nous avons eu l'honneur d'adresser à Votre Excellence, et sous la date du 21 courant, une réclamation motivée, tendant à obtenir le paiement d'un nouvel à-compte de 40,000 fr. sur les travaux que nous avons exécutés à l'Ecole de Cluny.

Il nous a été affirmé que des fournisseurs et entrepreneurs de Paris, dont les travaux et fournitures sont postérieurs aux nôtres, auraient été soldés en majeure partie, tandisque nous n'aurions touché qu'une fraction de ce qui nous est dû.

Aussi prendrons-nous la liberté d'insister avec fermeté auprès de Votre Excellence pour obtenir le paiement du nouvel à-compte précité.

Nous ne saurions trop répéter, Monsieur le Ministre, quelle est l'urgence d'une solution dans le sens indiqué par notre lettre du 21 courant; il s'agit de notre situation financière, que de plus longs retards rendraient très-précaire.

Nous connaissons trop l'esprit d'équité qui préside aux actes de votre administration, pour douter un seul instant de l'accueil favorable que trouveront près de vous nos justes réclamations.

Daignez agréer, Monsieur le Ministre, l'assurance du profond respect avec lequel nous sommes
de Votre Excellence
les très-dévoués serviteurs.

Signé : Bruno et Crémieux.

---

**N° 92.**                                                              Mâcon, 28 Juillet 1868.

Monsieur l'Architecte,

Nous avons l'honneur de vous confirmer notre lettre du 21 courant dernier, demeurée sans réponse de votre part.

Nous renouvelons auprès de M. le Ministre de l'Instruction publique la réclamation déjà faite à la date précitée, et nous insistons avec force sur la nécessité de donner à cette affaire une solution conforme à nos intérêts.

Nous vous prions, Monsieur l'Architecte, d'employer également votre intervention pour amener un bon résultat; il est temps d'aviser, et nous vous le répétons, notre position est très-critique par suite des avances que nous avons dû faire.

On nous a dit que les divers fournisseurs et entrepreneurs de Paris, qui ont travaillé pour Cluny sont payés presqu'en totalité; nous ne pouvons nous résoudre à le croire, car ce serait contraire à la justice.

Ces Messieurs ayant travaillé après nous, nous devons posséder un droit de priorité dans la distribution des à-comptes.

Si, comme nous en a parlé M. Ch. Benoist, vous avez l'intention, dans les prochains travaux projetés à Cluny, de faire exécuter des lucarnes comme celles faites par nous l'an dernier, nous croyons devoir vous offrir nos services pour ce travail.

Nous possédons en magasin environ 100 m.c. chêne de choix, de Bourgogne, déjà vieux de coupe: peut-être verriez-vous un avantage à faire débiter ces bois d'avance, ce qui permettrait de les employer dans d'excellentes conditions.

Recevez, Monsieur, l'assurance de notre considération très-distinguée.

Signé: BRUNO et CRÉMIEUX.

P. S. — Il nous serait très-utile de connaître la date du jour choisi pour commencer la vérification à Cluny ; nous désirons que cette date soit très-rapprochée.

---

**N° 93.**                                                    Paris, 1er Août 1868.

Monsieur Bruno,

M. Laisné me charge de vous prier *de lui envoyer de suite* le mémoire des travaux exécutés par vous à l'Ecole Normale de Cluny.

Il tient à avoir ce mémoire avant la vérification, qui aura lieu dans le courant du mois.

Comme je vous l'ai déjà écrit, il est impossible à M. Laisné de vous délivrer un nouveau certificat avant le règlement de vos travaux. La demande adressée par vous à M. le Ministre de l'Instruction publique est rejetée, et l'on a chargé M. Laisné de vous l'annoncer.

Veuillez agréer mes salutations.

Signé : CH. BENOIST.

P. S. — On ne sait pas encore si de nouveaux travaux seront à faire d'ici à la fin de l'année à l'Ecole.

---

**N° 94.**                                                    Mâcon, 6 Août 1868.

Monsieur l'Architecte,

Nous avons reçu votre lettre du 1er courant, nous demandant le mémoire des travaux exécutés à Cluny ; nous mettons en ce moment la dernière main à leur préparation, et dans les premiers jours de la semaine prochaine, nous aurons l'avantage de vous les remettre directement.

Il est regrettable pour nous que notre requête à M. le Ministre de l'Instruction publique soit rejetée; notre position est très-difficile; tout ce que nous possédons est engagé dans l'affaire de Cluny, et, par suite, nous sommes condamnés à un repos ruineux, en attendant le règlement de cette entreprise.

Nous comptons sur votre obligeance, Monsieur l'Architecte, pour activer ce règlement, et nous vous prions d'agréer l'assurance de notre considération très-distinguée.

Signé: Bruno et Crémieux.

---

**N° 95.**                                                      Mâcon, 20 Août 1868.

Monsieur l'Architecte,

Nous vous confirmons notre lettre du 6 courant. Suivant les termes du procès-verbal de réception provisoire dressé le 23 Avril dernier, nous devons effectuer, pendant l'époque des vacances, les raccords de peinture et plâtrerie non achevés, dans le dortoir situé au-dessus des ateliers de mécanique et à l'angle nord-ouest de la cour du jet d'eau.

Nous venons en conséquence vous demander, Monsieur l'Architecte, si votre intention est de faire exécuter immédiatement ces légers ouvrages, afin que nous mettions nos ouvriers à la disposition de l'administration sans aucun retard.

D'autre part, différentes affaires réclamant notre présence à Paris, nous vous serions très-obligés de vouloir bien nous dire si vous y serez du 23 au 25 courant : l'un de nous deux aura l'honneur de se présenter chez vous et vous remettra en même temps les mémoires de Cluny.

Nous attendons votre réponse par le plus prochain courrier.

Agréez, Monsieur l'Architecte, l'assurance de notre respectueuse considération.

Signé : Bruno et Crémieux.

---

**N° 96.**

*Copie de la dépêche télégraphique envoyée le 23 Août 1868.*

Laisné, rue Laval, 16, Paris.

Impossible partir aujourd'hui, répondez ce soir à lettre concernant travaux Cluny.

Signé: Bruno et Crémieux.

10

N° **97.**                                                        23 Août 1868.

Monsieur Bruno,

En réponse à votre dépêche, je m'empresse de vous faire savoir que M. Ch. Benoist, devant aller à Cluny dès qu'il aura tous les mémoires, vous indiquera le jour prochain où les réparations devront être exécutées en sa présence.

Si vous devez venir à Paris, j'y serai à partir du 26 courant.

Recevez mes salutations.

Signé : Ch. LAISNÉ.

———

N° **98.**                                                     Mâcon, 24 Août 1868.

Monsieur l'Architecte,

Nous avons reçu votre dépêche du 22 et votre lettre du 23 au soir.

Nous vous prions d'agréer nos bien sincères remerciements pour l'empressement avec lequel vous avez répondu à nos demandes.

Il nous sera difficile d'être à Paris avant le 29 courant, et, aux termes de votre lettre, nous comptons bien vous y rencontrer à cette époque.

Recevez, Monsieur, l'assurance de notre considération très-respectueuse.

Signé : BRUNO et CRÉMIEUX.

———

N° **99.**                                                  Mâcon, 5 Septembre 1868.

Monsieur l'Architecte,

Forcés d'ajourner au mois d'Octobre prochain notre voyage à Paris, nous vous avons expédié le 31 Août, par chemin de fer, grande vitesse et franco, à votre adresse, rue Laval, deux paquets papiers d'affaires, renfermant nos mémoires de Cluny.

Nous vous prions de nous en donner avis de réception, en nous fixant également le jour d'arrivée de M. Benoist et du vérificateur à Cluny.

Nous attendons votre réponse par retour du courrier; il n'y a pas de temps à perdre, si vous tenez à faire terminer le dortoir avant la rentrée.

Recevez, Monsieur, l'assurance de notre respectueux dévouement.

Signé: BRUNO et CRÉMIEUX.

———

**N° 100.**                                                     Paris, 7 Septembre 1868.

Monsieur Bruno,

Je serai lundi prochain à Cluny avec le vérificateur de M. Laisné, et nous commencerons *de suite* la vérification de vos travaux.

J'espère que vous serez en mesure de commencer dès ce jour la peinture des dortoirs et faire les raccords qui seront nécessaires.

M. Laisné a reçu vos mémoires, et je suis chargé de vous en accuser réception.

J'ai l'honneur de vous saluer.

Signé : Ch. Benoist.

---

**N° 101.**                                                     Mâcon, 9 Septembre 1868.

Monsieur l'Architecte,

Nous avons reçu votre lettre du 7 courant. Lundi prochain, 14 Septembre, nous serons à Cluny pour assister à la vérification de nos travaux.

Les ouvriers peintres et plâtriers seront prêts le même jour à effectuer l'achèvement des peintures et raccords du dortoir nord-ouest, travaux ajournés aux vacances, lors de la réception provisoire du 23 Avril dernier.

Agréez, Monsieur, l'assurance de notre considération très-distinguée.

Signé : Bruno et Crémieux.

---

**N° 102.**                                                     Ce samedi, 12 Septembre 1868.

Monsieur Bruno,

Au lieu de commencer la vérification des travaux lundi, nous ne la commencerons *que mardi*, dès la première heure.

J'ai l'honneur de vous saluer.

Signé : Ch. Benoist.

---

**N° 103.**                                                     Cluny, 23 Septembre 1868.

Monsieur Bruno,

M. Crémieux m'a bien dit que M. Debiat avait reçu ses instructions pour terminer promptement les travaux de raccords de peinture et plâtrerie dans les travaux exécutés par vous. M. Debiat a fini les peintures du dortoir nord-ouest de la cour du jet d'eau, laissées inachevées d'un commun accord jusqu'aux vacances actuelles ; *mais les rebouchages des enduits des dortoris* ne se font pas, et je viens vous prier, du reste comme vous en aviez l'intention, d'envoyer *deux ouvriers peintres de Mâcon pendant deux jours, vendredi et samedi.*

Je suis persuadé qu'alors, avant mon départ, qui doit avoir lieu lundi soir ou dimanche matin au plus tard, tous les ragrèements et les garnissages dans les embrasures des lucarnes (bâtiment neuf), les rebouchages et quelques petits raccords de peinture des dortoirs seraient faits, et je partirais satisfait.

J'espère que vous ferez droit à ma demande, et je vous prie d'agréer mes salutations.

Signé : Cu. Benoist.

P. S. — Si M. Crémieux a un instant samedi, pendant la journée, *qu'il veuille bien venir à Cluny* pour terminer la vérification de la serrurerie et du mémoire qu'il a dû faire dresser.

———————

**N° 104.** Mâcon, 25 Septembre 1868.

Monsieur,

A l'instant nous parvient votre lettre d'hier. Debiat a reçu par *écrit* l'ordre d'effectuer les rebouchages et raccords des escaliers et dortoirs dont vous parlez, ainsi qu'il a opéré du reste pour les études du rez-de-chaussée, bâtiment neuf.

Par le même courrier que la présente, nous lui réitérons l'ordre d'achever promptement ces ouvrages, en le prévenant que, dans le cas où ces raccords ne seraient pas finis lundi soir, 28 courant, nous vous autoriserons à les faire exécuter d'office.

Il est bien entendu qu'il ne s'agit que des rebouchages de trous dans les enduits, du ragrèement des lucarnes du bâtiment neuf et des raccords de peintures nécessités par ces ragrèements.

Nous regrettons beaucoup que votre lettre ne nous soit parvenue qu'aujourd'hui vendredi, trop tard pour aller à Cluny, et, malgré tout notre désir de vous être agréables, nous ne pourrons faire le voyage de Cluny avant lundi: des engagements antérieurs nous retiennent ici samedi et dimanche.

Nous croyons la vérification des mémoires de serrurie complètement achevée ; il ne reste que les pesées de fer, dont vous avez la note ; le carnet est resté en votre possession pendant près de deux mois.

Le mémoire supplémentaire, qui comprend les asphaltes, ciments, enduits des façades, etc., etc., n'est pas terminé, mais il sera toujours facile à vérifier avec les mesures de maçonnerie, plâtrerie, parquets, etc., etc., portées et vérifiées aux précédents mémoires, dont il n'est que le complément.

Nous pensons vous le porter lundi à Cluny.

Agréez, Monsieur, l'assurance de notre considération très-distinguée.

Signé : BRUNO et CRÉMIEUX.

---

N° **105.**                                          Paris, 8 Octobre 1868.

Monsieur Bruno,

Je suis surpris d'apprendre que vous n'avez pas tenu votre promesse d'exécuter les diverses réparations que je vous ai indiquées dernièrement à Cluny. La rentrée des élèves aura lieu prochainement et il faudra vous hâter et ne pas oublier la réfection du bitume de la petite cour de la Physique.

Recevez mes salutations.

Signé : CH. LAISNÉ.

---

N° **106.**                                          Cluny, 12 Octobre 1868.

Monsieur,

Je suis excessivement surpris de ne pas vous voir exécuter les travaux que M. Laisné a ordonnés lors de son dernier voyage.

Pourquoi ce silence si prolongé?

J'espère que vous me rendrez réponse dans le plus bref délai, et, ce faisant, vous me ferez plaisir.

J'ai l'honneur de vous saluer.            Signé: CH. BENOIST.

---

N° **107.**            .                              Cluny, 22 Octobre 1868.

Monsieur Bruno,

Votre compagnon, Durat, a très-bien fait les joints des escaliers. En ce moment, je ne vois plus qui laisse à désirer que les croisées du deuxième étage, escalier XIVe siècle, et j'ai commandé ce travail à M. Henri, comme il a été convenu avec M. Crémieux.

J'ai l'honneur de vous saluer.            Signé: Ch. BENOIST.

**N° 108.**                                                Ce mardi, 17 novembre 1868.

Monsieur Bruno,

Veuillez venir *jeudi, pendant la journée,* à Cluny, pour la vérification de votre mémoire supplémentaire.

J'ai l'honneur de vous saluer.

Signé : Ch. BENOIST.

---

**N° 109.**                                                Mâcon, 18 Novembre 1868.

Monsieur l'Architecte,

La vérification sur le tas de nos mémoires de Cluny s'est effectuée du 15 au 20 Septembre dernier, et nous espérons que la vérification et le règlement au bureau sont terminés aujourd'hui.

Veuillez donc nous communiquer, d'ici au 15 Décembre prochain, les mémoires réglés, afin que nous puissions en prendre connaissance et formuler les observations auxquelles ce règlement pourra donner lieu.

Il est indispensable que ces pièces nous soient transmises dans le délai indiqué plus haut, car nous ne pouvons ajourner plus longtemps le règlement de ces travaux.

Les retards apportés jusqu'à ce jour dans les paiements des à-comptes sont ruineux pour nous, et si cet état de choses devait se prolonger, nous adresserions à M. le Ministre de l'Instruction publique une réclamation très-énergique.

Nous comptons, Monsieur l'Architecte, que vous nous éviterez tous nouveaux désagréments dans cette *malheureuse* affaire de Cluny, et que vous en activerez le règlement de façon à nous faire solder courant janvier prochain au plus tard.

Agréez, Monsieur l'Architecte, la nouvelle assurance de notre respect.

Signé : BRUNO et CRÉMIEUX.

---

**N° 110.**                                        Retournac (Haute-Loire), 19 Novembre 1868.

Monsieur l'Inspecteur,

Votre lettre du mardi, 17 courant, nous est parvenue ce matin à Retournac (Haute-Loire), où nous installons un important chantier pour la construction d'un pont en maçonnerie sur la Loire.

C'est vous dire, Monsieur, qu'il nous est impossible d'être à Cluny; du reste, vous pouvez vérifier le mémoire supplémentaire avec les mesures portées aux mémoires vérifiés du 15 au 19 Septembre dernier; il n'y a point de dimensions à reprendre sur le tas: notre présence est tout a fait inutile.

Veuillez donc régulariser ce détail, afin que notre règlement n'éprouve pas de plus longs retards.

Nous avons l'honneur de vous saluer.

Signé: BRUNO et CRÉMIEUX.

---

N° 111.                                      Retournac (Haute-Loire), 5 Décembre 1868.

Monsieur l'Architecte,

Veuillez nous faire parvenir à Mâcon, où nous serons du 9 au 12 courant, les mémoires de Cluny, dont la révision doit être achevée.

Nous avons eu l'honneur de vous prévenir, dès le 18 Novembre dernier, qu'il nous était impossible d'attendre au delà du 15 Décembre le règlement de ces mémoires.

Veuillez en prendre bonne note et nous éviter l'emploi des moyens judiciaires pour arriver à la solution de cette *ruineuse et interminable* entreprise.

Nous ne comprenons pas quel but on poursuit en traînant en longueur, comme on l'a fait jusqu'à ce jour; en tout état de causes, nous sommes résolus à faire abréger ces délais inexplicables.

Recevez, Monsieur l'Architecte, l'assurance de notre considération la plus distinguée.          Signé : BRUNO et CRÉMIEUX.

---

N° 112.                                      Paris, 13 Décembre 1868.

Monsieur Bruno,

Plusieurs mémoires des travaux exécutés par vous à l'Ecole de Cluny sont réglés. Ils sont à votre disposition.

J'ai l'honneur de vous saluer.          Signé: Ch. BENOIST.

---

N° 113.                                      Retournac (Haute-Loire), 18 Décembre 1868.

Monsieur l'Architecte,

Nous avons vainement attendu à Mâcon, du 9 au 15 courant, la réponse à notre lettre du 5.

Aujourd'hui seulement nous parvient un billet, émanant de M. Ch. Benoist, et nous annonçant briévement « que plusieurs des mémoires de Cluny sont réglés et à notre disposition ».

Serons-nous donc obligés de faire un voyage à Paris pour prendre connaissance de ces mémoires?..... Nous pensions que cette communication nous serait faite à Cluny, lieu des travaux et domicile légal de l'entreprise.

Veuillez, par retour du courrier, nous fixer sur ce point important.

Adressez, s'il vous plait, votre lettre à Retournac (Haute-Loire), pour qu'elle nous parvienne plus promptement.

Agréer, Monsieur l'Architecte, l'assurance de notre considération très-distinguée.

Signé : BRUNO et CRÉMIEUX.

---

N° 114                                               Paris. 19 Décembre 1868.

Monsieur Bruno,

M. Laisné sera à Mâcon mardi et mercredi prochains ; il aura avec lui vos mémoires de Cluny, de sorte que, si vous voulez prendre connaissance du règlement, vous n'aurez qu'à le demander à l'hôtel des Champs-Élysées.

J'ai l'honneur de vous saluer.

Signé : CH. BENOIST.

---

N° 115.                                               Paris, 24 Décembre 1868.

Monsieur,

M. Laisné ne peut vous envoyer les derniers mémoires avant d'avoir reçu ceux que vous avez entre les mains.

Veuillez les lui envoyer de suite, et il vous fera parvenir ceux qui restent.

J'ai l'honneur de vous saluer.

Signé : CH. BENOIST.

---

N° 116.                                   Retournac (Haute-Loire), 8 Janvier 1868.

Monsieur l'Architecte,

Nous avons l'honneur de vous donner avis que nous avons reçu hier, par chemin de fer, un paquet papiers d'affaires, renfermant les pièces suivantes :

*Mémoires des travaux faits à l'Ecole de Cluny.*

| Bâtiment neuf | N° 1 | Charpente. |
| — | » 2 | Serrurerie. |
| Bâtiment de l'ouest | » 3 | Maçonnerie. |
| — | » 4 | Charpente. |
| — | » 5 | Serrurerie. |
| Maison Jacquelot | » 6 | Maçonnerie. |
| — | » 7 | Charpente. |
| — | » 8 | Serrurerie. |
| Travaux complémentaires | » 9 | Tous travaux. |

Ensemble neuf pièces, que nous vous retournerons aussitôt après avoir pris communication et copie des rectifications qu'elles renferment.

Recevez, Monsieur l'Architecte, l'assurance de notre considération très-distinguée.

Signé: BRUNO et CRÉMIEUX.

—————

**N° 117.** Retournac (Haute-Loire), 11 Janvier 1869

Monsieur l'Architecte,

Nous vous confirmons notre lettre du 8 courant.

Veuillez nous renseigner, à bref délai, sur le point suivant. Les *rabais faits* sur nos mémoires comprennent-ils les 8 °/₀ de l'adjudication, ou ce dernier *rabais* est-il encore à *déduire* du *règlement provisoire* que vous nous communiquez en ce moment?

Nous avons besoin d'être fixés à cet égard pour rédiger nos réclamations.

D'autre part, votre règlement provisoire atteint le chiffre de 149,000 fr. environ ; si nous déduisons le dixième de garantie (précaution bien superflue, puisque nos travaux sont reconnus le 22 Avril dernier), on obtient 134,100, plus fr. 4,250 de cautionnement, soit en tout 138,350 fr., sur lesquels nous avons touché 105,000 fr.; différence: 33,350 fr., qu'on peut nous payer immédiatement et sans rien préjuger sur le règlement définitif.

Nous attendons votre réponse pour prendre les mesures nécessaires afin d'arriver au recouvrement de cette somme.

Recevez, Monsieur, l'assurance de nos sentiments dévoués et très-distingués.

Signé : BRUNO et CRÉMIEUX.

11

**N° 118.**                                    Paris, 14 Janvier 1869.
### Monsieur Bruno,

Il paraîtrait, me charge de vous dire M. Laisné, d'après les termes de votre lettre, en date du 11 courant, que vous êtes d'une très-grande légèreté en affaires, car, si vous vous étiez donné la peine de prendre connaissance et des prix qui ont été appliqués au règlement de vos mémoires, et des conditions du cahier des charges de l'adjudication, vous ne lui auriez pas adressé de semblables questions.

J'ai l'honneur de vous saluer.                 Signé: CH. BENOIST.

---

**N° 119.**                         Retournac (Haute-Loire), 15 Janvier 1869.
### Monsieur l'Architecte,

Nous recevons, en réponse à notre lettre du 11 courant, un *billet* de M. *Benoist*, dont nous n'acceptons ni le *fond* ni *la forme*, quelque peu *impertinente*.

Veuillez être assez bon pour nous fixer tout simplement par *oui* ou par *non* sur les *deux questions* contenues dans notre missive du 11 sus-mentionnée.

Il nous semble que nous méritons un peu plus d'égards et que, n'ayant jamais manqué aux convenances qui se doivent entre gens bien élevés, nous pouvons et nous devons exiger la réciprocité.

Persuadés que tout ceci est un mal entendu, nous vous prions d'agréer, Monsieur, l'assurance de nos sentiments dévoués et très-distingués.

Signé: BRUNO et CRÉMIEUX.

---

**N° 120.**                                    Paris, 21 Janvier 1869.
### Monsieur Bruno,

M. Laisné a reçu les derniers mémoires des travaux de l'Ecole de Cluny, qu'il vous avait communiqués, et vous prie de ne pas tarder à lui adresser vos réclamations ou observations, s'il y a lieu, ou bien votre acceptation du règlement, afin qu'il puisse remettre les comptes au Ministre.

Vous ne pourrez toucher aucun à-compte avant que le règlement ne soit approuvé, les cahiers des charges s'y opposent formellement.

J'ai l'honneur de vous saluer.                 Signé: CH. BENOIST.

Retournac (Haute-Loire), 23 Janvier 1869.

Monsieur l'Architecte,

Nous recevons votre lettre du 21 courant, qui ne répond qu'en partie aux deux questions que nous avons eu l'honneur de vous adresser le 11 courant.

Veuillez compléter votre réponse, en nous faisant connaître si le rabais de l'adjudication, soit 8 %, est encore à *déduire* du montant de votre *règlement provisoire*.

Nous travaillons à nos réclamations, mais vous devez comprendre, Monsieur l'Architecte, que ce n'est pas l'affaire d'un jour; nous tenons à formuler des *réclamations sérieuses* et *fortement motivées*, et nous avons besoin pour les faire, d'étudier votre *règlement provisoire* et d'amasser les documents qui doivent nous procurer gain de cause.

Nous n'admettons pas la clause du *cahier des charges* qui, dites-vous, Monsieur, ne permet pas le *paiement d'à-comptes* avant le règlement définitif; cette clause ne doit pas exister, et, à ce sujet, nous vous réclamerons Monsieur l'Architecte, les pièces *complètes d'adjudication*, dont nous avons payé les frais d'expédition à l'Economat de l'Ecole, mais qui ne nous ont pas été remises.

A peine si nous avons eu le temps de prendre à la hâte une copie de la série de prix, pendant les quarante-huit heures que ces pièces nous ont été confiées, en Juillet-Août 1867, *un mois après* l'adjudication.

Le devis estimatif et l'avant-métré des travaux n'ont *jamais* passé sous nos yeux.

Nous comptons, Monsieur, sur votre obligeance pour nous faire parvenir ces expéditions d'ici au *10 Février, au plus tard* ; nous vous tiendrons compte des frais, s'il y a lieu.

Agréez, Monsieur l'Architecte, l'assurance de notre considération très-distinguée.

Signé : BRUNO et CRÉMIEUX.

---

Paris, 5 Mars 1869.

Monsieur Bruno, entrepreneur de travaux publics.

Monsieur,

Il y a six semaines, après avoir pris connaissance du règlement de vos mémoires de l'entreprise de l'Ecole Normale de Cluny, vous m'aviez promis de m'envoyer vos observations et réclamations motivées. Ne les ayant pas encore eues, je vous rappelle que le délai de quinze jours, fixé par l'article 58 du cahier des charges générales, étant plus qu'expiré, je considère mon règlement comme accepté par vous, et, en conséquence, je remettrai lundi matin au Ministère tous les mémoires de votre entreprise. Vous devez savoir que vous n'aurez plus droit à élever aucune réclamation.

Recevez, Monsieur, mes salutations

Signé : CH. LAISNÉ.

---

*Copie de la lettre adressée à M. Laisné, Architecte, le 11 Mars 1869.*

N° **123.**                                                  Mâcon, 11 Mars 1869.

Monsieur l'Architecte,

Votre lettre du 5 Mars, mise à la poste le 7, est arrivée à Retournac le 9, pendant une absence motivée par nos affaires.

Ce n'est donc seulement qu'aujourd'hui, 11 courant, que nous avons pu prendre connaissance de la missive précitée.

Nous ne pouvons que vous réclamer de nouveau la copie du cahier des charges, demandée dans notre dernière lettre de Janvier, à laquelle vous n'avez pas même daigné répondre. Comment peut-on nous rappeler les clauses et conditions d'un cahier des charges, dont nous sollicitons vainement la communication, et qui, depuis le 13 Juillet 1867, n'a jamais été en notre possession ?

Quant à la déchéance, dont vous menacez nos réclamations ultérieures, les tribunaux compétents décideront.

Nous repoussons donc énergiquement les prétendus règlements qu'il vous a plu de faire des travaux de Cluny, et nous nous adresserons à qui de droit pour obtenir justice.

Nous serions bien aises de savoir sur quelle autorité se fonde l'administration de l'Instruction publique qui, après avoir pris quatre mois et plus pour vérifier les mémoires, ne veut accorder que quinze jours à l'entrepreneur pour effectuer le même travail.

N'oubliez pas, Monsieur l'Architecte, que la réception définitive des travaux doit se faire le 23 Avril prochain, et tenez la main à ce que cette formalité soit remplie à sa date officielle.

Veuillez nous répondre si, oui ou non, on veut nous donner copie du cahier des charges, dont nous offrons, depuis longtemps, de payer les frais d'expédition pour la seconde fois.

Au cas où votre réponse serait négative, nous nous verrions contraints d'employer les voies de droit pour obtenir la communication de cette pièce.

Veuillez agréer, Monsieur l'Architecte, l'assurance de notre considération très-distinguée.

Signé : BRUNO et CRÉMIEUX.

---

N° 124.

*Ordre de service du 24 Juillet 1867.*

Messieurs,

Veuillez, je vous prie, vous occuper immédiatement de la démolition des premières maisons, en partant de Madame Fleurès, rue du Marché.

J'ai l'honneur de vous saluer.

Signé : CH. BENOIST,
Inspecteur des travaux.

---

N° 125.                                              Paris, 25 Mai 1869.

Monsieur,

M. l'Architecte Laisné me fait connaître que vous n'avez point accepté le règlement des ouvrages exécutés par vous, en 1867-68, à l'Ecole Normale de Cluny, et qu'il vous a plusieurs fois invité à produire les observations que vous lui avez annoncées.

La révision des ouvrages des autres entrepreneurs étant sur le point d'être terminée, je viens vous prévenir qu'il sera passé outre, si vous ne produisez pas votre réclamation dans le plus bref délai.

Agréez, Monsieur, l'assurance de ma considération distinguée.

Pour le Ministre de l'Instruction publique et par autorisation :

le Directeur du personnel,

Signé : DANTON.

**N° 196.**                                    Retournac (Haute-Loire), 30 Mai 1869.

Monsieur le Ministre,

La dépêche de Votre Excellence, en date du 25 Mai courant, nous est parvenue hier seulement à Retournac (Haute-Loire), lieu actuel de notre résidence.

Nous regrettons vivement de ne pouvoir répondre au désir manifesté par Votre Excellence dans la dépêche précitée, et concernant les réclamations à produire au sujet des travaux exécutés en 1867-68 à l'Ecole de Cluny.

Les réductions faites arbitrairement par M. l'Architecte Laisné sont trop exagérées pour essayer même de les discuter; nous sommes par suite forcés de soumettre le règlement de cette affaire à la juridiction compétente.

Nous prions Votre Excellence d'excuser la nécessité où nous sommes placés; mais après tous les dénis de justice dont nous avons été victimes, pendant le cours de cette malheureuse entreprise, le soin des intérêts qui nous sont confiés, nos droits méconnus et notre crédit gravement compromis nous font un devoir étroit et rigoureux d'user de tous les moyens légaux pour leur défense.

Recevez, Monsieur le Ministre, l'assurance de notre profond respect, avec lequel nous sommes, de Votre Excellence les très-dévoués serviteurs

Signé: BRUNO et CRÉMIEUX.

www.ingramcontent.com/pod-product-compliance
Lightning Source LLC
Chambersburg PA
CBHW050625210326
41521CB00008B/1382